CATALOGUE RAISONNÉ

DE LA COLLECTION DE

DENIERS MÉROVINGIENS

DES VIIᵉ & VIIIᵉ SIÈCLES

DE LA TROUVAILLE DE CIMIEZ

DONNÉE AU CABINET DES MÉDAILLES DE LA BIBLIOTHÈQUE NATIONALE

PAR

Mʳ ARNOLD MOREL-FATIO

Rédigé par le donateur et publié selon ses vœux

PAR

Mʳ A. CHABOUILLET

PARIS

ROLLIN & FEUARDENT

4, place Louvois, 4

1890

DENIERS MÉROVINGIENS

DES

VIIᵉ & VIIIᵉ SIÈCLES

MACON, PROTAT FRÈRES, IMPRIMEURS

CATALOGUE RAISONNÉ

DE LA COLLECTION DE

DENIERS MÉROVINGIENS

DES VIIᵉ & VIIIᵉ SIÈCLES

DE LA TROUVAILLE DE CIMIEZ

DONNÉE AU CABINET DES MÉDAILLES DE LA BIBLIOTHÈQUE NATIONALE

PAR

Mʳ ARNOLD MOREL-FATIO

Rédigé par le donateur et publié selon ses vœux

PAR

Mʳ A. CHABOUILLET

PARIS

ROLLIN & FEUARDENT

4, place Louvois, 4

—

1890

ARNOLD MOREL-FATIO

SA DONATION AU CABINET DES MÉDAILLES

M. Morel-Fatio, répondant, le 28 juin 1887, à une lettre de celui qui écrit ces pages, lui apprenait philosophiquement que sa fin était proche, et lui parlait pour la première fois du projet qu'il avait formé de nous donner sa masse de mérovingiennes d'argent. *Nous*, c'était le Cabinet des Médailles; *les mérovingiennes d'argent*, c'était la fameuse trouvaille de deniers mérovingiens de Cimiez, dont je connaissais depuis longtemps l'importance capitale.

Dans cette lettre, il disait encore : « Aurai-je le temps et la force d'accomplir ce projet ? » Puis, dans un post-scriptum, il me faisait savoir qu'il avait pu donner des instructions écrites pour l'exécution de ce projet, m'avertissait qu'on me remettrait prochainement ses monnaies mérovingiennes d'argent, ce qu'il avait écrit à ce sujet, les planches gravées destinées à illustrer ce travail, et enfin me priait de le terminer, ce qui, disait-il, « serait de ma part œuvre d'ami. »

Moins d'un mois après la réception de cette lettre, le 20 juillet, trois semaines avant le fatal dénouement de la maladie qui contraignait M. Morel-Fatio à laisser inachevé son travail, c'est-à-dire le catalogue raisonné de sa collection, le conservateur du Cabinet des Médailles recevait une caisse contenant la collection, le manuscrit du catalogue, auquel il ne manquait que deux ou trois pages, et huit planches gravées sur cuivre représentant les principales pièces de la collection [1].

---

1. M. Morel-Fatio avait fait exécuter pour son catalogue neuf planches par M. Dardel,

Les lettres que m'a adressées M. Morel-Fatio depuis le 28 juin jusqu'au 5 août 1887[1], témoignent toutes éloquemment de l'amour désintéressé de la science et de la recherche de la vérité qui animaient le galant homme qui les a tracées d'une main mourante, mais avec la fermeté virile qu'il conserva jusqu'au dernier jour. Ces lettres auraient certainement interessé le lecteur; aussi songeai-je un instant à en enrichir cette introduction; mais, après réflexion, je reconnus que la confiante familiarité de cette correspondance entre des amis dont la liaison datait de plus d'un demi-siècle, en rendait la publication délicate. Je me suis donc résigné à ne donner des lettres de M. Morel-Fatio que des fragments. Celui qu'on va lire a été choisi parce que les désirs de mon ami au sujet du don de sa collection et de la publication de son catalogue, y sont encore plus nettement exprimés que dans celle du 28 juin dont il vient d'être fait mention :

« Mon cher Chabouillet,

« En te remettant ma collection de mérovingiennes, les « rédactions, planches, etc., il est entendu que je te confie « exclusivement le droit de gouverner toute cette affaire « jusques et y compris la publication de ladite collection.

« Je t'autorise à déléguer tes pouvoirs à qui bon te sem- « blera. Je fais ce don en souvenir bien affectionné pour le « Cabinet des Médailles qui a été pour moi une patrie. Je le « fais aussi en considération, en grande considération de ton « amitié..., etc.

« Je te serre la main.

« A. MOREL-FATIO.

« Beauregard-sous-Lausanne, 3 juillet, 1887. »

l'habile graveur habituel de la *Revue Numismatique*, ainsi que quatre bois destinés à être placés dans le texte. La IVe de ces planches, et ces bois, ont été vainement cherchés dans la caisse et à Beauregard; heureusement on reconnut dans la caisse des épreuves de cette planche et de ces bois. L'éditeur les fit refaire; il fit aussi graver une planche X[e] dont le projet dessiné se trouva avec le catalogue; enfin, il crut devoir ajouter une XIe planche afin de compléter l'illustration de l'ouvrage.

1. La lettre du 5 août 1887 est la dernière qu'ait écrite M. Morel-Fatio. (Lettre adressée

Dans le post-scriptum de cette lettre, la quatrième de cette correspondance *in extremis*, M. Morel-Fatio me faisait des recommandations relatives à l'exécution de son quasi testament[1].

Ce n'était pas un don médiocre, celui que faisait M. Morel-Fatio au Cabinet des Médailles. Les numismatistes savent que l'importance scientifique des deniers mérovingiens n'a d'égale que leur rareté. Cette rareté, qui est encore très grande, a été telle jadis que l'on a été jusqu'à nier qu'il en eût jamais existé, et que de notre temps, des numismatistes expérimentés ont douté, sinon de l'existence de deniers d'argent à l'époque mérovingienne, du moins de l'authenticité des spécimens, en petit nombre d'ailleurs, dont ils avaient ouï parler, ou qu'ils avaient pu rencontrer. N'est-ce pas Etienne Cartier, le fondateur, avec Louis de la Saussaye, de la *Revue numismatique*, qui, il y a plus de 50 ans, après avoir nommé « le denier d'argent ou saiga, « devant peser 21 grains, parmi les monnaies circulant en « Gaule sous la domination des Francs[2] », écrivait deux pages plus loin : « Les monnaies d'argent mérovingiennes sont très « rares, et il y en a si peu qu'on puisse reconnaître avec cer- « titude pour le *saiga*, qu'il est *impossible* d'établir rien de « solide à ce sujet; il faut attendre des observations plus « concluantes. La majeure partie des pièces d'argent qu'on peut « donner aux siècles de la première race, ne me paraissent « être que des tiers de sol contrefaits, frappés sur argent, et « peut-être dorés autrefois[3]. » Trois ans plus tard, Et. Cartier revenant sur ce sujet, après avoir répété la phrase citée plus haut, ajoutait : « J'ai trouvé, depuis, quelques véritables deniers mérovingiens que je veux vous faire connaître, regrettant d'avoir pu vous induire en erreur[4]. »

à M. Chabouillet, datée du jour même de la mort de M. Morel-Fatio (10 août 1887), par l'un de ses gendres, M. Mayniel, alors maître des requêtes au Conseil d'Etat de France, aujourd'hui conseiller d'Etat.)

1. Une lettre du 23 juillet précise de nouveau les intentions du donateur et entre dans les détails de l'exécution.

2. *Lettres sur l'histoire monétaire. Revue numismatique* (2e année, 1836, p. 390).

3. *Ibid.* p. 392.

4. *Ibid.* p. 418.

La rareté des deniers mérovingiens a diminué depuis la publication des lettres de Cartier sur l'histoire monétaire de la France; on en connaît aujourd'hui beaucoup plus qu'à cette époque, puisque les trouvailles de Plassac [1], de Cimiez [2], et de Vence [3] en ont fait sortir de terre environ 2.500 [4], mais, il ne faut pas l'oublier, ces monnaies sont loin d'être toutes de même valeur. On ne peut mettre au même rang celles qui apportent des noms de personnages et de lieux nouveaux ou rares, et les nombreuses pièces au nom de Marseille dégénérées et presque illisibles? Certes, ces pièces elles-mêmes sont intéressantes à connaître; leur nombre, leurs degrés de dégénérescence, nous apprennent que la fabrication de cette monnaie a été active et de longue durée, mais elles ne peuvent être recherchées comme celles qui nous arrivent en bonne conservation et instructives à divers points de vue, comme il y en a tant dans la collection Morel-Fatio. Aussi je le déclare, par l'entrée récente dans le Cabinet national des 1131 monnaies mérovingiennes de la collection du vicomte de Ponton d'Amécourt [5], et celle des 497 monnaies d'argent de M. Morel-Fatio, notre suite monétaire française va devenir ce qu'il convenait qu'elle fût, la plus riche de l'Europe.

Je viens de nommer les trois grandes découvertes de monnaies mérovingiennes d'argent, Plassac, Vence et Cimiez. Eh bien! pourquoi ne pas le dire? La vérité, l'exactitude sont si difficiles à obtenir, même pour des faits relativement récents, que nous ne savons pas positivement la date de ces diverses découvertes. Savons-nous même s'il y en eut trois ou deux seulement? En ce qui concerne la date de la découverte de Plassac,

---

1. Plassac, arrondissement de Blaye, Gironde.

2. Cimiez, près de Nice (Alpes-Maritimes).

3. Vence, Alpes-Maritimes, arrond. de Grasse.

4. La trouvaille de Plassac, selon M. de la Grange, comprenait 170 pièces ; celles de Vence et de Cimiez, 1914 et 380 selon M. Morel Fatio, soit en tout 2464.

5. On sait, mais on aime à rappeler un fait de cette importance, qu'en 1889, sur la demande de M. l'Administrateur général de la Bibliothèque nationale, le Gouvernement et les Chambres ont libéralement accordé un crédit spécial de 180.000 fr. pour l'acquisition d'un choix de monnaies mérovingiennes de la collection d'Amécourt qui manquaient au Cabinet de France.

on la trouverait peut-être en feuilletant les journaux de la Gironde, mais on la chercherait vainement dans l'article intitulé : *Monnaies mérovingiennes d'argent*, publié dans le volume de 1851 de la *Revue numismatique* par le marquis de La Grange, qui l'acheta en bloc et a négligé de nous dire à quelle époque il eut cette bonne fortune. On suppose cependant que ce fut quelque temps avant cette publication et qu'en tout cas elle précéda les découvertes de Vence et de Cimiez. Quant à celles-ci, n'en feraient-elles qu'une seule? C'était l'opinion de Morel-Fatio qui s'explique sur ce point à la première page du catalogue raisonné de sa collection, et émet l'hypothèse que les pièces dites de la découverte de Vence, acquises par le marchand Escudié en novembre 1851, et dont plusieurs furent vendues par lui au Cabinet de France, venaient de Cimiez, sinon de Grasse, ajouterai-je, car c'est à cette dernière hypothèse que s'est arrêté Morel-Fatio qui me la fit connaître dans une lettre du 15 juillet 1887 [1], postérieure de plusieurs années à la rédaction de son travail. Je n'ai pas à approfondir cette question; qu'il y ait eu une seule découverte et non trois de monnaies mérovingiennes d'argent dans le département des Alpes-Maritimes, où sont situées Vence, Cimiez et Grasse, cela n'est pas de grande importance, mais il est des cas où il en serait autrement. Qu'il s'agisse, par exemple, de découvertes dans des localités de régions éloignées les unes des autres de trésors de monnaies gauloises incertaines, on devine les conséquences fâcheuses que pourraient entraîner des divergences dans les indications de localités, puisque les provenances jouent, quoique parfois à tort, un très grand rôle dans les attributions de cette classe de monnaies.

Dans son article de la *Revue numismatique*, où il ne décrivit pas les pièces de la trouvaille de Plassac [2], et où il se con-

---

1. On y lit ces mots : « Je crois que la découverte a été faite à Grasse, peu distant .»⁻

2. L'article de M. de la Grange excita la curiosité des numismatistes, qui en attendirent vainement le complément, c'est-à-dire une description de sa précieuse collection de deniers d'argent mérovingiens, dont on ne connut la composition qu'en 1877, par le catalogue de la vente aux enchères de ses médailles. Voir : *Catalogue des monnaies anciennes et modernes... com-*

tenta de faire un tableau historique, d'ailleurs intéressant, de l'état de la question des monnaies mérovingiennes d'argent, où, en un mot, il trace les prolégomènes d'un traité sur cette série monétaire qu'il se proposait sans doute d'écrire quelque jour, M. de la Grange disait, il y a près de quarante ans : « La monographie des monnaies d'argent de la première race est encore à faire. » Cette monographie le sera encore même après la publication du catalogue de la collection de M. Morel-Fatio.

Peut-être Morel-Fatio aurait-il tenté cette tâche difficile si, d'une part, l'éloignement de Paris, de graves et absorbantes occupations, et plus tard la maladie ne s'y étaient opposés. Du moins, grâce à la bonne pensée qu'il a eue de faire don de sa collection au Cabinet de France et aussi à la publication de son catalogue, on possédera les éléments d'un travail approfondi sur les diverses questions que soulèvent ces précieux monuments. Ce catalogue raisonné qui témoigne d'un tact critique très sûr, d'un savoir étendu et d'une recherche consciencieuse de l'exactitude, sera consulté avec fruit par ceux qui à l'avenir s'occuperont des monnaies de l'époque mérovingienne. En effet, le Cabinet de France, où l'on n'a pas attendu le don Morel-Fatio pour saisir les occasions, fort rares, d'enrichir la série mérovingienne, est désormais en mesure d'en favoriser l'étude. Pour ne parler que des deniers mérovingiens d'argent, en 1817, on n'y en comptait que 22; aujourd'hui, grâce aux acquisitions faites à diverses reprises et spécialement à la vente du marquis de la Grange, en 1877, grâce aux 161 monnaies d'argent choisies (indépendamment de celles d'or) dans la collection d'Amécourt, grâce enfin à la donation Morel-Fatio qui, nous l'avons déjà dit, en comprend 497, le Cabinet de France ne possède pas moins de 875 monnaies d'argent mérovingiennes.

Viennent des découvertes ultérieures, toujours possibles, qu'il surgisse telles pièces, avec des légendes plus explicites que celles connues aujourd'hui, on verra, il faut l'espérer,

posant la collection de M. le marquis de L... membre de l'Institut, dont la vente aux enchères publiques aura lieu le lundi 19 et le mardi 20 février 1877. Paris, Rollin et Feuardent, 1877, in-8°.

s'éclairer de vives lumières cet épisode de notre histoire monétaire, dont nous essayons, à tâtons, de pénétrer les mystères,
mais dont jusqu'à présent, nous ne connaissons que le som-
maire. Le temps, ce grand auxiliaire des numismatistes, ne fait
il pas sortir inopinément des entrailles de la terre des monuments inattendus qui résolvent des énigmes, confirment des
faits entrevus ou devinés, ou nous en apprennent de nouveaux. Qui donc, au temps d'Eckhel, à la première apparition
de monnaies d'or d'Athènes, alors qu'on niait qu'il en eût
jamais existé, qui donc aurait soupçonné que les Athéniens
eussent inscrit sur leurs monnaies les noms de princes de l'Asie,
avant la découverte des statères sur lesquels on lit ceux d'un
Antiochus et d'un Mithridate [1]. Mais j'oublie que le lecteur
n'attend pas des dissertations de l'exécuteur des dernières volon-
tés d'Arnold Morel-Fatio au sujet de sa collection et de son
catalogue; ce qu'il veut ici, c'est qu'il lui fasse connaître ce
donateur, et peut-être qu'il lui apprenne ce qui a déterminé le
conservateur du musée d'antiquités et de médailles de Lausanne,
un citoyen de la République helvétique, à disposer de ses trésors
numismatiques en faveur du Cabinet des Médailles et Antiques
de la République française.

M. Morel-Fatio est en effet d'origine suisse; le nom primitif de sa famille, anciennement et honorablement connue dans
le pays, puis canton de Vaud, était *Morel*, mais depuis une
alliance contractée au XVIIIe siècle avec une famille d'origine
italienne, les *Fatio*, *alias* Fazio et même Fazy à Genève, la
branche à laquelle appartenait le donateur du Cabinet des
Médailles ajouta le nom de Fatio au sien [2].

1. Cet Antiochus est le second fils du grand Antiochus III, roi de Syrie; il vint à Athènes
vers 175 av. J.-C., avant la mort de son frère aîné, Séleucus IV, qui le précéda sur le trône
de Syrie. C'est alors qu'on inscrivit son nom sur la monnaie d'Athènes qui lui décerna d'autres
distinctions; il fut le IVe des Antiochus, rois de Syrie. Quant à Mithridate, c'est le grand
ennemi du nom romain, Mithridate VI Eupator; il eut les honneurs monétaires à Athènes
l'an 89 av. J.-C.

2. Pendant son long séjour en France, M. Morel-Fatio, père d'Arnold, dut régulariser sa
signature par devant l'autorité française. Voyez, *Buffin, Dictionnaire des familles qui ont fait
modifier leurs noms depuis 1803 jusqu'en 1865.* (Paris, Henri Delaroque. S. D. 1 vol. in-8°.)
Voici l'article concernant M. Morel-Fatio : « Morel-Fatio (François-Etienne-Louis), ban-
quier, né à Sexbres (canton de Vaud), en 1785. O. du 9 juin 1843. »

On voit encore dans l'église de Saint-Saphorin, village du canton de Vaud, près de Vevey, peintes sur une verrière de la fin du xve ou du commencement du xvie siècle, les armoiries parlantes des Morel, trois têtes de More. Les Morel~~Fatio~~ joignirent les armoiries des Fatio, un œillet à trois fleurs au naturel. Je connais bien ce blason, bien que j'en aie oublié les émaux; il figure sur les *ex-libris* de volumes qui m'ont été donnés par Morel-Fatio, il y a bien des années; les têtes de More des Morel y sont parties de l'œillet des Fatio, avec la devise de ceux-ci, PLUS PENSER QUE DIRE, qui convenait assez bien à Arnold Morel-Fatio [1].

Morel-Fatio était donc de vieille souche vaudoise, mais il est bon que l'on sache que ce citoyen suisse était né en terre française, sous le premier Empire, le 13 août 1813, à Rouen, où son père, qui fut consul de Sardaigne dans cette ville, dirigeait une maison de banque.

Morel-Fatio vint de bonne heure en France avec son père qui, peu de temps après la naissance de ce second de ses quatre fils [2], avait transféré à Paris le siège de sa maison de banque. Arnold commença à Paris ses études classiques qu'il termina à Lausanne, ville qu'il quitta, encore très jeune, pour venir seconder son père dans la conduite de la maison de banque, qu'il dirigea seul plus tard. Je ne saurais dire si Morel-Fatio avait quitté la Suisse avec ou sans esprit de retour, je ne saurais pas non plus dire à quelle époque il se fixa définitivement à Paris, mais je suis certain qu'il y avait plus de trente ans qu'il l'habitait,

---

1. On m'a montré cette devise sur un vieux cachet où paraît *seul* le blason des Fatio, en même temps qu'un autre cachet ayant appartenu à un Morel et sur lequel on lit : J. D. MOREL, avec les armoiries des Morel, seules aussi, différenciées par une brisure, deux étoiles et deux quinte-feuilles.

2. Le frère aîné d'Arnold, Léon Morel-Fatio, le peintre de marine, marié à une Française, la fille du général Chastel de la Martinière, et naturalisé Français, fut peintre du Ministère de la marine et des colonies, conservateur du musée de marine et du musée ethnographique au Louvre, officier de la Légion d'honneur, etc. Léon Morel-Fatio avait été maire du 20e arrondissement de Paris; il mourut le 2 mars 1871; son fils, M. Louis Morel-Fatio, est conseiller référendaire à la Cour des Comptes.

Un neveu d'Arnold et de Léon Morel-Fatio, M. Alfred Morel-Fatio, appartient aussi à la France; secrétaire de l'Ecole des Chartes, M. A. Morel-Fatio est honorablement connu par de remarquables travaux d'érudition.

lorsqu'en 1863, il fit l'acquisition.de Beauregard, belle maison
dont les.jardins sont baignés par le lac de Genève et qui est
située au pied de la ville de Lausanne. Beauregard fut d'abord
pour Morel-Fatio une villa où il passait seulement la belle sai-
son; il ne s'y installa définitivement qu'en 1870 et dès lors il
ne vint plus à Paris que pour quelques semaines tous les ans,
mais ce pèlerinage, il ne cessa de le faire que lorsque sa
santé lui en interdit la fatigue. Le choix du canton de Vaud
pour y planter sa tente et y finir ses jours, montre clairement
que, tout en restant fidèle ami de la France, où il avait
vécu si longtemps et où il avait édifié sa fortune, Morel-Fatio
n'avait pas oublié sa patrie d'origine. Je viens de parler de sa
fortune. J'emprunterai sur ce sujet à un compatriote d'Arnold,
M. Eugène Demole, conservateur du Cabinet numismatique de
Genève, un passage de la notice qu'il lui a consacrée au lendemain de sa mort, dans la *Gazette de Lausanne*; je citerai souvent
cette notice afin de donner plus d'autorité à ce que j'ai à dire
de mon ami.

« Excellent financier, il sut faire prospérer ses affaires et put
ainsi se retirer d'assez bonne heure pour se vouer principale-
ment à son étude favorite, celle de la Numismatique [1]. »

Cette assertion est exacte, mais il ne faut pas en induire que
Morel-Fatio ait attendu, pour se livrer à ses goûts studieux, le
moment où il se retira des affaires. Lorsqu'en 1848, Morel-
Fatio publiait son premier écrit, il y avait longtemps qu'il fré-
quentait le département des Imprimés de la Bibliothèque nationale et qu'il avait ses grandes entrées au Cabinet des Médailles
et Antiques. On a vu que nous étions liés dès notre jeunesse,
on me permettra peut-être de rapporter ici une anecdote qui
date de 52 ans. J'assistais, un soir, à une réunion d'amis tenue
chez Morel-Fatio, dans une sorte d'atelier-salon, lorsque
j'aperçus, accrochée à la muraille à côté de plâtres curieux, une
médaille de bronze du genre de celles qu'on nommait alors

---

1. *A. Morel-Fatio. Quelques mots sur sa vie et son œuvre.* (Voyez *Gazette de Lausanne*, n⁰ du
12 août 1887.) J'ai sous les yeux le tirage à part de cet article avec un *appendice bibliographique.* Le passage cité est p. 3.

couramment des *Pisans* du nom du célèbre peintre et médail-
leur Vittore Pisano de Vérone qui inaugura cette précieuse
branche de la sculpture. Je voulus la voir de près. C'était en
effet une médaille italienne du xvᵉ siècle, que je n'avais jamais
vue en nature et dont, au reste, je n'ai jamais rencontré un
second exemplaire. Cette médaille représentait un roi de France,
Louis XI, modelé d'après nature, avec un revers historique
intéressant. La signature est entièrement effacée sur cet exemplaire, ce qui lui donne un brevet d'ancienneté, mais d'aventure
je connaissais cette médaille pour en avoir remarqué une repro-
duction dans une revue numismatique hebdomadaire allemande
du siècle dernier, publiéee par J. David Koehler, recueil curieux
bien que l'auteur s'y attache plutôt au côté historique et biogra-
phique, qu'à celui de l'art. Je savais donc qu'elle était de Francesco Laurana. Il y a un demi-siècle, Francesco Laurana, le
sculpteur de la cour du bon roi René, était fort oublié, au moins
chez nous ; on n'avait pas encore découvert et publié les textes
et les monuments qui l'ont mis à la place qu'il mérite dans
l'histoire de l'art [1].

Cette médaille de Louis XI, ce monument iconographique

---

1. Sur cette médaille, voyez le volume de 1734 du recueil de J. D. Koehler, *Wöchentlich
historischer Münz Belustigung* ; voyez aussi dans le *Magasin pittoresque*, année 1850, p. 271,
l'article où j'ai cru pouvoir placer la date de cette médaille à l'année 1476. Quant à la biogra-
phie de Fr. Laurana, il faut consulter le volume, daté 1855-1856, des *Archives de l'art français*
où M. Anatole de Montaiglon publiait, p. 182, un document dans lequel l'artiste italien est désigné seulement par son prénom, ce qui ne suffisait pas à nous apprendre que l'auteur de la
médaille de Louis XI et le sculpteur du rétable de Saint-Didier d'Avignon ne faisaient qu'un
seul et même personnage ; mais avec le temps la lumière se fit et l'on sait à peu près tout ce qu'il
importait de savoir sur cet habile artiste. En 1875, M. Giry, dans la *Revue critique*, proposait
cette identification ; en 1881, M. P. Trabaud, dans la *Gazette des Beaux-Arts*, décrivait ce
rétable, mais estropiait le nom de l'artiste qu'il nommait François Laurens ; la même année,
dans la *Chronique des Arts*, M. A. de Montaiglon fortifiait l'hypothèse de M. Giry ; en 1884,
dans la *Gazette des Beaux-Arts*, M. Louis Courajod reconnaissait au Louvre et publiait
un fragment égaré du Portement de Croix du rétable de Saint-Didier d'Avignon et
n'hésitait pas à en nommer l'auteur François Laurana. D'autres travaux encore contribuèrent
à reconstruire l'histoire de la vie et des œuvres de Laurana à qui l'on doit plusieurs
médailles des princes et princesses de la maison d'Anjou, dont plusieurs ont été publiées par
moi dans le *Magasin pittoresque* et qui ont été réunies dans un bon travail de feu Eugène
Hucher sur le roi René : « Iconographie du roi René, de Jeanne de Laval, sa 2ᵉ femme et de
divers princes de la maison d'Anjou. » V. dans *Revue hist. et archéol. du Maine*, année 1882,
t. XII, p. 209 et suiv.

et historique important, manquait au Cabinet de la bibliothèque royale. Je le dis à Arnold. « Vraiment, » fit-il, « eh bien ! prends-« la cette médaille. Je suis enchanté d'apprendre que je pos-« sède un objet digne d'être offert au Cabinet de France. »

Le lendemain, le 10 mars 1838, la médaille de Laurana fut inscrite sur le registre spécial des *Dons* au département des médailles, où l'on peut lire pour la première fois le nom de Morel-Fatio, qui devait y figurer souvent depuis, et qui va y reparaître pour la dernière fois, en 1890, après 52 ans. On trouverait encore ce nom sur d'autres de nos registres, ceux des *Echanges* et ceux des *Acquisitions*. Mon illustre prédécesseur Charles Lenormant aimait en effet à traiter avec Morel-Fatio qu'il tenait, avec grande raison, pour un connaisseur heureux et très intelligent. Ce n'est pas assez dire, Charles Lenormant avait reconnu que jamais ce *trouveur* ne cherchait à faire de bonnes affaires avec le Cabinet et au contraire lui en faisait faire d'avantageuses. De tout ceci, je parle savamment. Sans même ouvrir nos registres, en remontant par le souvenir au temps de Charles Lenormant, je puis citer entre autres l'acquisition d'une importante suite de monnaies suisses, cédée par Morel-Fatio à des prix d'une incroyable modicité; tandis qu'en redescendant à une époque récente, à l'année 1880, n'est-ce pas grâce à lui que notre belle série de diptyques consulaires, s'est augmentée de la feuille première du diptyque de *Rufius Achilius Sividius* qui me fut apportée de sa part par celui de ses gendres que j'ai nommé plus haut. Ai-je besoin d'ajouter que ce précieux monument fut payé d'un prix qui ferait sourire si je le révélais [1]. Parmi les acquisitions ins-

---

1. Ce diptyque, longtemps conservé entier dans le trésor de l'abbaye de Géronde, près Sierre, Valais, et perdu depuis l'époque révolutionnaire, a été souvent décrit, mais avec des inexactitudes que la feuille retrouvée par Morel-Fatio corrige définitivement. On y a lu RVTIVS et RVTILIVS au lieu de RVFIVS et on a dit que les feuilles qui composent ce précieux monument étaient ovales. La leçon RVTIVS se trouve dans une publication d'Eugène de Lévis, de 1809 (*De Rutii Achilii Sividii præfectura et consulatu* Taurin. 1809, 4°). La leçon RVTILIVS figure dans un extrait d'un travail de L. J. Murith publié en 1821 dans le t. III des *Mémoires de la Société royale des Antiquaires de France*, p. 522. Les feuilles de ce

crites récemment sur nos registres, sous le nom de Morel-Fatio, ou sous celui de son gendre, et qui sont quasi des dons, je mentionnerai encore en 1886 un *exagium* de Théodose et un médaillon contorniate, enfin en 1888, le Cabinet national acheta, de sa succession qui tint à honneur de suivre les errements paternels, des monnaies du Moyen-Age, parmi lesquelles un tiers de sol d'or mérovingien et quatre coins monétaires allemands. Je ne puis négliger à ce propos de mentionner un passage d'une lettre de Morel-Fatio, du 5 mai 1887, celle par laquelle j'appris qu'il se savait atteint d'une maladie mortelle. On y verra combien il était resté préoccupé des intérêts du Cabinet de France : « On dispersera ma bibliothèque après moi, or il s'y trouve quelques centaines de placards et ordonnances monétaires. Tu feras bien d'y avoir l'œil; il y a de bonnes choses pour le Cabinet des Médailles. » L'avis était d'importance; je ne l'oubliai pas, et, avec l'approbation de M. Léopold Delisle, administrateur général de la Bibliothèque nationale et l'autorisation du ministre de l'Instruction publique, cette collection comprenant 651 numéros,

---

diptyque ne sont pas ovales, comme on l'a dit dans cet extrait; mais les inscriptions sont gravées dans un cartouche rond.

Les voici :

RVFIVS	PATRICIVS
ACHILIVS	ITERVM
SIVIDIVS $\overline{\text{VC}}$	PRAEF.VRBIS
ET INL.EX.PRAEF	CONSVL ORDI
VRBIS	NARIVS

Hauteur de ces plaques 343 mill. Larg. 108 mill. C'est la dimension moyenne ; le diptyque de Saint-Corneille de Compiègne, au Cabinet des Médailles, mesure 410 mill. de hauteur sur 346 de largeur; celui d'Autun, de la même collection, 387 de hauteur sur 138 de largeur.

M. de Rossi a publié un titulus sur lequel notre consul de l'an 488 de J.-C., est ainsi désigné :

$$+ + \text{ RVFI ACHIL}$$
$$\text{EX QVÆS.}$$

Voyez *Annali dell' Inst. arch. di Roma*, 1849, p. 345. Voyez aussi Mommsen, *Inscript. Helveticae*, p. 76, n° 344, qui déclare ignorer le sort du diptyque de Géronde. Morel-Fatio, qui ne collectionnait guère que des médailles ou des monnaies, avait acheté cet ivoire, persuadé qu'il était, avec raison, que le Cabinet des Médailles, où il avait longtemps admiré notre collection de diptyques, s'empresserait de s'enrichir d'un aussi intéressant monument. Dans une de ses lettres, il m'apprend que la mort de celui qui lui avait vendu cette première feuille dépareillée lui enlevait l'espoir, nourri quelque temps, de nous procurer la seconde.

livres, placards et ordonnances sur le fait des monnaies, a été acquise de la succession Morel-Fatio. Etant donnée la valeur marchande de ces rares plaquettes, et surtout la plus-value d'une pareille réunion de documents qui n'a pu être obtenue qu'à force de temps et d'argent, cette acquisition a été conclue à un prix tellement modéré qu'on peut la considérer presque comme un don dont il faut savoir gré aux héritiers de Morel-Fatio.

J'ai interverti l'ordre chronologique en parlant de faits aussi récents ; je reviens à l'époque où Morel-Fatio, tout en travaillant vaillamment à assurer l'avenir de sa famille, trouvait le temps non seulement de collectionner monnaies et médailles, mais encore de publier des mémoires de numismatique ou d'archéologie. Le plus ancien, qui, je le disais tout à l'heure, date de 1848, est consacré aux *Méreaux et jetons de Ville-franche-sur-Saône en Beaujolais* ; il a été composé à Paris [1]. Le dernier de tous est intitulé : « *Les annelets lacustres de bronze ont-* « *ils fonctionné comme monnaie? peut-on leur donner ce nom?* » Celui-ci a été écrit à Beauregard ; il date de 1886 [2]. Je ne me permettrai pas de transcrire en entier *l'Appendice bibliographique* de M. Demole ; je me contenterai de faire observer qu'en bon citoyen Morel-Fatio s'est surtout occupé de la numismatique de son pays. Ainsi on lui doit une *Histoire monétaire de Lausanne*, malheureusement inachevée [3], un remarquable mémoire intitulé : *Les monnaies suisses de la trouvaille de Saint-Paul, frappées à Zurich, Bâle, etc., au XIᵉ siècle* [4] ; un autre non moins intéressant : *Monnaies scandinaves trouvées à Vevey, en Suisse* [5]. Plusieurs articles sur les imitations ou contrefaçons monétaires par les petits princes du nord de l'Italie, une *Histoire monétaire de Neuchâtel*, et d'autres travaux qui tous témoignent d'une érudition solide, ainsi que d'une singulière sagacité et d'un tact de connaisseur très fin.

1. *Revue numismatique*, année (V. p. 435).

2. *Bulletin de la Société suisse de numismatique* 1848 (Vᵉ année 1886, p. 54).

3. Il en écrivait encore un chapitre qui a été tiré à part, sans date, et qui était destiné à la *Société d'Histoire de la Suisse romande*, t. Iᵉʳ de la 2ᵉ série.

4. *Revue numismatique* (1849, v. p. 378 et nᵒ 665).

5. *Revue numismatique* (1865, p. 442).

On a vu qu'en 1863, Morel-Fatio était devenu propriétaire dans le canton de Vaud; il y avait à peine un an qu'il passait les étés à Beauregard, lorsqu'il accepta le poste de conservateur du Cabinet des Médailles de Lausanne (30 novembre 1864). Deux ans après, 13 novembre 1866, il était nommé conservateur du musée archéologique de cette ville, en remplacement du célèbre antiquaire Troyon. J'emprunte ces dates à la notice de M. Demole ainsi que cette note écrite par Morel-Fatio sur le registre du musée archéologique au moment où il prit possession de ses fonctions : « J'ai donné et donnerai au Musée archéologique des milliers d'objets et de médailles, mais sous l'expresse condition qu'aucun d'eux ne sera distrait des collections du Musée [1]. » On voit comment Morel–Fatio entendait exercer ses fonctions. Je me plais à citer M. Demole, qui a connu Morel-Fatio à Lausanne et ceci, je l'ai déjà dit, parce que les éloges du jeune conservateur du Cabinet Numismatique de Genève ne seront pas taxés d'exagération, comme les miens pourraient l'être. Or M. Demole qui dit n'avoir pas su au juste combien de monnaies et de médailles Morel-Fatio a données, ou fait entrer au Musée de Lausanne, depuis 1864, déclare que « ce doit être un nombre considérable » et ajoute : « il a fait « faire à ses frais des meubles qui renferment cette collection. « Quant aux objets archéologiques, le catalogue du Musée en « indique 3.229, lors de son entrée; aujourd'hui il y en a plus « de 22.630 [2]! »

M. Demole fait encore observer que les objets donnés par Morel-Fatio « proviennent tous de sources authentiques; beau-« coup des ventes de Raoul Rochette, Durand, Beugnot, etc. » On y remarque des antiquités de tous pays, et surtout une collection cypriote, acquise par Morel-Fatio en 1867 [3]. Parmi les antiquités nationales, dit encore M. Demole « les deux « séries qui ont le plus de valeur sont les objets lacustres et les « monnaies de Lausanne [4]. » Digne successeur de Troyon,

1. Notice par M. Demole, p. 8.
2. Notice, p. 10.
3. Notice, p. 8.
4. Notice, p. 9.

Morel-Fatio, qui était aussi *inspecteur cantonal des musées et anti-quités monumentales du pays* [1], dirigea et surveilla diligemment et sévèrement les fouilles des stations lacustres, « et sut empêcher « nombre de vols et de fraudes. Sans cesse sur le lieu des « fouilles, au bord du lac de Neuchâtel, il notait scrupuleuse-« ment les moindres circonstances accompagnant les fouilles.... « Si bien que le musée de Vaud a non seulement aujourd'hui « une remarquable série lacustre, mais aussi de précieuses « archives, minutieuses et exactes comme point d'autres [2]. » M. Demole fait encore connaître les sociétés savantes dont faisait partie M. Morel-Fatio qui ne parlait guère de ses titres. Il était l'un des secrétaires de la *Société d'Histoire de la Suisse romande*, dont les publications contiennent tant de précieux documents et de si intéressants mémoires. Morel-Fatio prit une part active aux travaux de cette docte compa-gnie; il était correspondant de plusieurs autres Sociétés savantes, et notamment depuis le 11 juillet 1860, il l'était de la Société des Antiquaires de France, aux séances de laquelle il assistait régulièrement quand il était à Paris.

Après avoir résumé les éloges que l'on vient de lire dans un portrait de son compatriote, ressemblant, flatteur, mais non flatté [3], que je ne transcris pas, me souvenant qu'il faut éviter de louer trop longtemps, même les meilleurs, aussi bien à Paris qu'à Athènes, M. Demole termine ainsi : « Notre pays a fait « une perte irréparable en perdant Morel-Fatio; ceux qui l'ont « connu ne l'oublieront jamais. »

C'est absolument vrai, et M. Demole a donné la note juste. On vient de voir comment Morel-Fatio a rempli son rôle de conservateur des musées que son pays avait placés sous sa ferme, intelligente et généreuse direction. Je le savais, sans avoir vu M. Demole. Un jour, sur l'adresse d'une lettre, j'avais nommé Morel-Fatio conservateur honoraire du musée de Lausanne. Connaissant son désintéressement, je croyais en effet

1. Lettre de M. Morel-Fatio à M. Chabouillet du 10 septembre 1881.
2. Notice p. 9.
3. Notice, p. 11.

que tel était son titre. Dans sa réponse, il se défend vivement de ce titre d'*honoraire*.

« Pourquoi te permets-tu de me qualifier d'honoraire. Je suis « tout ce qu'il y a de plus réel [1], » me dit-il gaiement. J'ajouterai qu'en effet il avait dû accepter des appointements comme conservateur des deux musées de Lausanne, mais si je disais le chiffre de ces appointements, on conviendrait que ce conservateur effectif l'était en fait *ad honores*, surtout si j'ajoute encore que la somme minuscule qu'il consentait à recevoir était à peine touchée qu'elle était dépensée pour les collections cantonales avec celles qu'il puisait dans sa propre bourse pour le même objet.

Ce qui précède aura suffi à faire pressentir pourquoi cet excellent citoyen suisse s'est décidé à donner sa belle collection de deniers mérovingiens à un musée étranger de préférence à celui de son pays, à celui qu'il administrait avec tant de zèle et qu'il enrichissait journellement *impensis suis*. Considérant avant tout les intérêts supérieurs de la science, Morel-Fatio se disait peut-être tout bas que sa collection serait moins facilement et moins souvent étudiée à Lausanne qu'à Paris où elle serait réunie à une série déjà très riche de monnaies mérovingiennes, et c'est pour cela qu'après avoir libéralement enrichi les musées dont il était le conservateur, il s'est cru le droit de faire la part de la France qu'il aimait en fils adoptif; c'est aussi, on l'a vu, parce qu'il avait une affection particulière pour le Cabinet des Médailles « *qui avait été pour lui une patrie* », où il avait passé tant d'heures studieuses, où il ne l'oublia jamais, dès ses débuts, on n'avait pas tardé à s'apercevoir que ce jeune homme à la physionomie ouverte, à la parole nette, vive et spirituelle, que ce travailleur sérieux, promettait un savant de valeur.

Qu'on me permette de le dire, le Cabinet des Médailles, qui, de tous temps, a eu cette bonne fortune de se conquérir des amitiés efficaces parmi ses habitués nationaux, en a compté

---

1. Lettre déjà citée du 10 septembre 1881.

de telles même parmi ceux qui lui venaient de l'étranger. Je ne songe pas à reproduire ici la liste des personnages qui se sont montrés amis zélés du Cabinet des Médailles; les noms des principaux sont inscrits en lettres d'or dans la *Salle des donateurs*, mais je voudrais nommer au moins un de nos amis étrangers à la France par leur naissance qui comme Morel-Fatio ont contribué à enrichir ce libéral établissement. Je veux parler du baron de Witte, que la science a perdu en 1889. Le Cabinet des Médailles est redevable à cet éminent archéologue de beaucoup de dons précieux et surtout d'une magnifique série de monnaies d'or des empereurs gaulois. Le baron de Witte, fidèle sujet du royaume de Belgique, membre de l'Académie royale de Bruxelles, venu très jeune en France pour étudier dans nos bibliothèques et nos musées et y fréquenter nos savants, se plut tellement dans leur société, qu'il partagea sa vie entre la Belgique et la France. On sait que M. de Witte mourut avec le titre d'associé étranger de l'Institut, conquis par les nombreux et beaux ouvrages qui ont illustré son nom.

Avant de terminer cette introduction que je n'ai pas su faire plus courte, tant je me suis complu à faire revivre les souvenirs de mon ami, qui désormais se rattacheront aux annales de ce Cabinet des Médailles où j'ai si longtemps servi mon pays, où demain je regretterai de ne plus avoir le droit de le servir, je voudrais encore rappeler que Morel-Fatio ne fut pas seulement numismatiste et archéologue. Au milieu de ses nombreuses occupations, le conservateur des musées de Lausanne trouva le temps d'amasser les matériaux d'une œuvre immense, un *Glossaire du patois du canton de Vaud*. Je ne sais ce que les linguistes penseront de ce travail qu'il a donné à la Bibliothèque de Lausanne, mais ceux qui prendront la peine de le consulter, rencontreront certainement, dans les 40.000 fiches dont il se compose, bon nombre d'observations judicieuses. Ces fiches seront-elles utilisées? Je l'espère, mais, quoi qu'il arrive, le projet de glossaire du patois vaudois est une preuve éclatante après tant d'autres du dévouement avec lequel Morel-Fatio aima et servit sa patrie.

Arnold Morel-Fatio est mort le 10 août 1887, après avoir montré, pendant sa longue et douloureuse maladie, un courage et une résignation stoïques, qui, sans les surprendre, firent l'admiration de ceux qui assistèrent à ses derniers moments et furent presque une consolation pour sa famille. Au Cabinet des Médailles et Antiques, le souvenir de Morel-Fatio ne s'effacera jamais, et quelque jour, son nom sera inscrit à côté de ceux de ses principaux donateurs. Arnold Morel-Fatio a mérité cet honneur posthume.

A. CHABOUILLET,
Conservateur du département des Médailles, Antiques et
Pierres gravées de la Bibliothèque nationale.

Mai 1890.

P. S. — Je n'ai pas rempli tous mes devoirs. Il en est encore un dont je suis heureux de m'acquitter, celui d'adresser mes remerciements à M. Maurice Prou, du Cabinet des Médailles, qui fort obligeamment a bien voulu m'aider à accomplir la tâche qui m'a été léguée par Morel-Fatio. Nous avons revu ensemble le catalogue, par lui rédigé, collationné les lectures des légendes des deniers mérovingiens, souvent si difficiles et qu'il avait d'ailleurs fort bien lues; enfin, nous avons ensemble mis en état d'être publiées les quelques pages laissées inachevées. On ne saurait prendre trop de précautions pour publier le travail d'autrui, c'est ce qui m'a déterminé à m'adjoindre un collaborateur; je n'en pouvais choisir un plus compétent que le jeune savant qui nous donnera prochainement un *Corpus* de la numismatique mérovingienne.

A. C.

DENIERS MÉROVINGIENS

DES VIIe & VIIIe SIÈCLES

TROUVÉS A CIMIEZ (ALPES-MARITIMES)

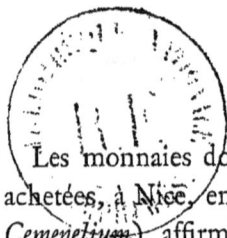

Les monnaies dont je me propose de donner ici la description ont été achetées, à Nice, en avril 1856. Le vendeur, propriétaire à Cimiez (l'antique *Cemenelium*), affirmait qu'elles avaient été trouvées sur son propre fonds vers 1852, et malgré quelques variantes, quelques divergences dans le récit répété de cette trouvaille, je suis assez disposé à l'admettre, en modifiant un peu, toutefois, la date précitée.

A mon avis, les monnaies trouvées à Cimiez et celles de Vence[1], notoirement découvertes vers la fin de 1851, ont une commune origine. Leur analogie est complète sous tous les rapports ; l'ensemble des types, l'aspect du métal, l'état de conservation, tout est identique de part et d'autre, et il n'est pas jusqu'à l'encrassement terreux des deux lots qui, soumis à l'analyse, n'ait donné les mêmes résultats.

En un mot, les 1914 deniers de Cimiez et les 380 achetés à Vence ont dû être trouvés ensemble, à la fin de 1851, dans la première de ces localités, et il est permis de croire que ces 380 exemplaires « apportés à Vence par un paysan » avaient prudemment traversé le Var, c'est-à-dire la frontière d'alors.

Ces deniers ou du moins quelques-uns d'entre eux ont été étudiés par M. B. Fillon[2]. Plus tard, M. le major Carpentin leur a consacré un article dans la *Revue numismatique*[3]. Mais ces numismatistes, n'ayant eu con-

---

1. La trouvaille de Vence, achetée par le marchand Escudié en novembre 1851, a été revendue pour une partie au Cabinet de France, à M. le comte de Clapier, à Marseille, et à M. Henri Morin, de Lyon. Les exemplaires échus à ce dernier, et qu'il a généreusement donnés avec sa collection au Musée de Lyon, ont été décrits par M. B. Fillon.

2. B. Fillon, *Lettres à M. Dugast-Matifeux sur quelques monnaies françaises inédites* (Paris, 1853, in-8o), p. 95 et suiv.

3. Carpentin, *Marseille, monnaies des patrices,* dans *Revue numismatique,* année 1864, p. 118.

naissance que d'une petite quantité de monnaies, ont naturellement rencontré de sérieuses difficultés de lecture et d'attribution. Les éléments dont je dispose aujourd'hui sont vingt fois plus nombreux, et tout en adoptant sans réserve les données générales de M. B. Fillon sur le monnayage mérovingien, je crois être en mesure de compléter et parfois même de rectifier quelques-unes des interprétations proposées par ce savant. La trouvaille de Cimiez se compose de deniers appartenant à des localités très diverses parmi lesquelles Marseille et les pays immédiatement voisins entrent dans une proportion si considérable que l'on peut, sans témérité, considérer ce pécule comme ayant été réuni dans cette grande cité.

Les autres deniers proviennent de pays plus ou moins éloignés. Vienne, Lyon, Chalon, Clermont, Le Puy, Poitiers, Tours, Orléans, Paris, etc., y sont représentés, mais en quantités extrêmement réduites, et pour ainsi dire, à l'état d'exception.

Toutefois, si l'on additionne ces faibles quantités, le total obtenu sera assez considérable pour que la présence de ces deniers étrangers à Marseille ne puisse pas être imputée à la fraude ou à l'erreur. Ce total attestera, au contraire, qu'à l'époque mérovingienne, le cours du denier n'était pas étroitement limité au lieu de son émission, mais que ce numéraire, bien qu'émané de considérations et d'intérêts locaux, plus qu'à toute autre époque, se trouvait accepté, même au loin, malgré l'imperfection de sa facture et l'inégalité flagrante de son poids[1].

Si quelques deniers de la trouvaille que nous étudions remontent, comme

1. Les variations dans le poids des deniers d'argent sortis du même coin sont si grandes, comme on le verra dans le cours de cette étude, qu'elles attestent une fabrication des plus élémentaires. Le métal préalablement coulé et amené à la forme de baguettes grossièrement aplaties au marteau et par conséquent d'épaisseur assez variable se débitait à l'aide de la cisaille, le monnayeur s'attachant uniquement à tailler, dans chaque livre d'argent, une certaine quantité déterminée de flans qui étaient ensuite soumis à la frappe. Aucune trace de lime ou d'autre outil n'est visible sur la tranche de ces monnaies ; rien n'indique que l'on se soit préoccupé de redresser les exemplaires excédant, même de beaucoup, le poids règlementaire ; de même nous rencontrons des deniers parfaitement conservés qui ont à peine la moitié du poids voulu. Ce sont assurément des exceptions, mais elles sont assez fréquentes, et ces deniers trop forts ou trop faibles livrés ainsi à la circulation témoignent, à mon sens, que le contrôle, s'il y en avait un, ne portait que sur l'ensemble de cette fabrication et non pas sur chacune des monnaies prises séparément. On s'étonnera moins d'ailleurs de ces écarts de poids entre les divers exemplaires d'une même monnaie si l'on songe qu'à l'époque mérovingienne c'était l'usage de peser le numéraire pour tous les payements de quelque importance. Les petites balances portatives trouvées à plusieurs reprises dans les tombes franques en fournissent la preuve. Voyez l'abbé Cochet, *Sépultures gauloises, romaines, franques et normandes*, p. 253. Le Musée de Lausanne possède plusieurs de ces instruments qui appartiennent avec certitude aux VIIe et VIIIe siècles et sont par conséquent contemporains de nos deniers.

l'a judicieusement établi B. Fillon, à la seconde moitié du VIIe siècle, la plupart n'ont été émis qu'au VIIIe, mais avant l'année 737, date de la complète destruction de Cimiez par les Lombards [1].

Le trésor de Cimiez ne contenait que des deniers d'argent. Aucune pièce d'or ne s'y est rencontrée. Ce fait n'a rien qui doive surprendre. La révolution monétaire, qui, depuis longtemps déjà, tendait à substituer le denier d'argent au *triens* d'or, était accomplie.

Enfin, dernier trait caractéristique de notre trouvaille, les monnaies qu'elle renferme ne proviennent que d'ateliers d'une certaine importance; on y chercherait vainement ces innombrables localités secondaires dont la monnaie d'or nous a transmis les noms.

On trouvera ici l'indication minutieuse du poids de toutes les pièces décrites. L'intérêt qui s'attache à ces pesées est d'autant plus grand que c'est la première fois qu'on a pu les opérer sur de nombreux exemplaires de la même monnaie mérovingienne, c'est-à-dire avec une chance de certitude qu'on demanderait vainement à des exemplaires isolés de cette monnaie si inégale.

J'ai dit, au début, que les deniers de Marseille entraient pour une part majeure dans le trésor de Cimiez. Je commencerai ma description par cette importante série à cause des facilités qu'elle présente, et en raison de certaines déductions que je crois pouvoir en tirer.

MARSEILLE

Les monnaies que l'on peut sûrement attribuer à cette ville sont de deux sortes : les premières sur lesquelles on rencontre des noms que nous savons avoir appartenu à des patrices et parfois aussi la légende *Massilia*; les secondes sur lesquelles on ne lit que la légende *Massilia*.

A la suite de ces deniers dont l'attribution est positive, j'en rangerai d'autres qui, en raison de l'analogie des types, mais avec plus ou moins de probabilité, peuvent prétendre à la même origine que les précédents.

---

1. Voyez Papon, *Histoire générale de Provence*, t. I, p. 33.

§ I. MONNAIES DES PATRICES.

Antenor.

1. Tête d'apparence casquée, à dr. //////ωILI.
   ℞. ANTЄNOR. Croix haussée sur trois points.
   Coll. Morel-Fatio, 1 exemplaire, 1 gr. 10.   Pl. I, n° 17.

Denier publié par Conbrouse, *Monétaires des rois mérovingiens*, pl. V, n° 8, avec la lecture incorrecte **ANTENON**. Avant lui, M. le marquis de Lagoy, *Description de quelques monnaies mérovingiennes découvertes en Provence*, p. 27, n° 33, avait lu **AMTENOM**, *Antenus Monetarius* ou plutôt à rebours *Moneta. Ma(ssiliae)*. La lettre **S**, seul vestige de la légende Massilia, lui paraissait être l'**S** initial de Sigebert.

2. Sans légende. Tête nue, à dr.; devant, trois points.
   ℞. ANT...OR. Croix haussée sans les points de la précédente.
   Coll. M.-F. [1], 2 ex., 1 gr. 10.   Pl. I, n° 18.

3. Autre semblable. Tête nue, à dr.; derrière, un point.
   Coll. M.-F., 1 ex., 0 gr. 95.

4. Autre semblable. Devant la tête, la lettre **A** (?) dont il ne reste qu'un jambage.
   ℞. Le nom d'Antenor? peu distinct.
   Coll. M.-F., 1 ex., 1 gr. 05.   Pl. I, n° 19.

5. Tête à g., dans un grènetis circulaire.
   ℞. ANT[Є]NOR. Croix égale.
   Coll. de Lagoy, 1 ex.   Pl. I, n° 20.

Cette pièce n'appartient pas à la découverte de Cimiez. Trouvée à Saint-Remy, elle a été publiée par M. de Lagoy, *Description de quelques monnaies méroving.*, p. 14, n° 11. Je crois devoir la rapporter ici afin de restituer la légende *Antenor* que cet auteur, égaré sans doute par un exemplaire altéré, lisait *Massilia*. On trouvera encore dans la même publication quatre deniers d'Antenor, figurés sur les n°ˢ 6, 7, 8 et 9. L'incertitude du dessin ne me permet pas d'en préciser les détails.

---

1. Les lettres M.-F. désignent la collection Morel-Fatio.

D'après leur type, ces monnaies sont antérieures à l'ensemble de notre trouvaille. La croix haussée, qui orne la plupart des exemplaires, et mieux encore la forme des légendes, m'engagent à les rejeter vers la seconde moitié du VIIᵉ siècle. Leur petit nombre relatif parmi cette énorme quantité de pièces marseillaises, indique, à mon avis, qu'elles proviennent d'une émission déjà ancienne au moment de l'enfouissement. C'est à regret que je suis contraint de placer aussi haut ces monnaies d'Antenor; j'eusse voulu les rattacher au célèbre patrice de ce nom, fauteur de la rébellion de la Provence contre Pépin [1], mais celui-ci appartient au premier quart du VIIIᵉ siècle, et ses deniers, s'il en a émis et on doit le croire, devront se ressentir de l'influence monogrammatique qui distingue cette période de la monnaie mérovingienne.

Le denier publié par M. de Lagoy, *Mélanges*, n° 14, avec les légendes **MASILIA** et au revers **...ERTAROS**, est aussi une pièce d'Antenor mal lue. Il faut donc renoncer à voir dans sa légende rétrograde le nom un peu barbare **BERTAROS** que le major Carpentin croyait y distinguer, *Revue numismatique*, 1854, p. 123, et par conséquent ne pas faire de ce denier une monnaie du patrice *Bertharius*.

Ansedert

6. Tête diadémée à dr.; devant, la lettre **A**; au dessous, un grènetis horizontal.
   ℞. **+ ANⱭEDEP —**. Dans le champ, **T**.
   Coll. M.-F., 10 ex., 1 gr. 05 à 1 gr. 15.   Pl. I, n° 1.

7. Même droit qu'au n° 6.
   ℞. **+ ANƧEDERT**. Dans le champ, **T**.
   Coll. M.-F., 5 ex., 1 gr. à 1 gr. 05.   Pl. I, n° 2.

8. Tête diadémée, à g.; devant, la lettre **A**.
   ℞. **+ ANSEDERT..** Dans le champ, **T**.
   Coll. M.-F., 6 ex., 1 gr. 10.   Pl. I, n° 3.

9. Tête diadémée; devant, la lettre **H**.

1. On lit dans une supplique de *Vernarius*, *missus regius*, à Charlemagne, en 780, au sujet de certains biens jadis enlevés à l'abbaye de Saint-Victor de Marseille, les lignes suivantes :
« Abbo patricius condam coram avio vestro Charlo reclamavit, quod Antenor patricius, « ut quod condam pro malo ingenio et fortia, quando Provincia revellavit contra bisavio « vestro Pipino, Antener ipsas villas partibus suis ad probrio se dixit abere, usque quo « ipse in ipso revellio vixit... ipsius ecclesiae abstulit. » Eckhart, *Commentarii de rebus Franciae orient.*, t. I, p. 319.

℞. + ANⱯEDER.... Dans le champ, **M**.

Coll. M.-F., 8 ex. (2 de 1 gr. 05 — 4 de 1 gr. 10 — 2 de 1 gr. 20).

Pl. I, n° 4.

M. B. Fillon, *Lettres*, p. 107, pl. vi, n° 2, attribue à tort ce denier à un atelier voisin de Rodez. M. de Lagoy, qui en a publié un exemplaire, *Description*, p. 15, n° 13, l'a donné à Marseille, mais sans pouvoir déchiffrer le nom du patrice.

10. Tête diadémée, à dr.; devant, la lettre **H**, sous laquelle, 2 points[1].

℞. ANⱯEDER... Dans le champ, **MA** en monogramme.

Cabinet de France, 1 ex., 1 gr. 11.   Pl. I, n° 5.

11. Variété du n° 10.

℞. + ANⱯE......... Dans le champ, la lettre **M**; à l'intérieur, un point reste du trait qui formait l'**A**.

Cab. de France. 1 ex., 1 gr. 10.   Pl. I, n° 6.

12. Tête diadémée, à g.; devant, **M**; sous la tête, trait dentelé.

℞. + ANⱯEDERT. Dans le champ, la lettre **M**.

Coll. M.-F., 2 ex. 1 gr.   Pl. I, n° 7.

13. Même tête; devant, croix longue; cercle dentelé.

℞. + ANⱯEDERT. Dans un oval la lettre **Ƨ**.

Coll. M.-F., 20 ex. Poids moyen, 1 gr. 10. (2 ex. à 1 gr. — 1 ex. à 1 gr. 25.)   Pl. I, n° 8.

14. Tête diadémée, à dr.; devant, une croisette (?).

℞. + A.NⱯEDE. Dans le champ, une croix à branches égales.

Coll. M.-F., 1 ex., 1 gr. 15.   Pl. I, n° 9.

Sur ce denier, la tête est entourée d'un double grènetis, le premier formé de points ronds, l'autre composé de petits triangles fichés les uns dans les autres. Ce mode de grènetis est fréquent sur les monnaies wisigothes; j'aurai à signaler encore d'autres rapprochements entre les monnaies marseillaises et celles des Wisigoths. Le point placé entre la première et la seconde lettre au revers est un véritable point secret; nous le rencontrerons souvent dans les positions les plus variées.

15. Tête radiée, à dr.; devant, un signe indéterminé.

℞. + A.N....ERT. Croix longue.

Coll. M.-F., 1 ex., 1 gr. 10.   Pl. I, n° 10.

---

1. Je ne vois pas sur la pièce du Cabinet de France le point que le dessinateur de la planche I a figuré au dessus de la lettre **H**. (*Note de l'éditeur.*)

16. Tête à g., ceinte d'un diadème terminé devant et derrière par un nœud ; devant la tête, une croisette.

R⃫. + ANƧE[DE]RT. Petite tête diadémée, à dr.

Coll. M.-F., 2 ex., 1 gr. 05. Pl. I, n° 11.

17. Tête radiée, à g. ; devant, une croisette.

R⃫. + ANᴟEDERT. Petite tête diadémée, à droite.

Coll. M.-F., 1 ex., 1 gr. 05. Pl. I, n° 12.

18. Tête diadémée à g., ; devant, la lettre **A** surmontée d'une croix ; au dessous, trait dentelé.

R⃫. ANƧEDERT. Dans le champ, la lettre **A**, surmontée d'une croix.

Coll. M.-F., 2 ex., 1 gr. 10. Pl. I, n° 13.

19. Autre avec ΛNᴟEDERT.

Coll. M.-F., 1 ex., 1 gr. 05.

20. Tête diadémée, à dr. ; devant, **A** surmonté d'une croix.

R⃫. Λ......ᏏEDERᏏT. Dans le champ, **A** crucigère accosté de trois points.

Coll. M.-F., 1 ex., 1 gr. 05. Pl. I, n° 14.

Cette pièce, publiée déjà par B. Fillon, *Lettres*, p. 104, pl. X, n° 16, a été attribuée par lui au sud-ouest de l'Auvergne.

21. Autre avec la variante Nᴟ˙˙EDER Ꮟ T.

Coll. M.-F., 1 ex., 1 gr. 05.

22. MAᴟIL... Tête diadémée, à g.

R⃫. + ANᴟEDERT. Petite tête, à dr.

Coll. M.-F., 2 ex., 1 gr. 05. Pl. I, n° 15.

23. Autre avec MAᴟI —.

Coll. M.-F., 1 ex., 1 gr. 15.

24. **M.** +. Tête radiée, à g.

R⃫. + ANƧEDERT. Petite tête diadémée, à dr.

Coll. M.-F., 1 ex., 1 gr. 05. Pl. I, n° 16.

Sur toutes ces monnaies, la lettre **E** affecte indifféremment la forme lunaire ou la forme carrée.

L'histoire ne nous a pas conservé le nom d'Ansedert comme patrice de Provence, mais on sait combien la liste de ces dignitaires est bornée et je ne crois pas devoir m'arrêter à cette objection.

A en juger par le style de ces 65 monnaies si variées, Ansedert a dû exercer ses hautes fonctions vers la fin du VIIe siècle, car, sur les deniers qui portent son nom, les légendes n'ont pas encore été remplacées par les monogrammes caractéristiques de l'époque de transition.

On remarquera les diverses lettres ou monogrammes isolés placés du côté de la figure et au revers. Que signifient ces lettres ? il est malaisé de le dire. Indiquent-elles différents ateliers, ou les ateliers d'une même ville, ou bien encore les émissions successives d'un même atelier ? La question ne saurait être encore résolue. La lettre A surmontée d'une croix a peut-être une valeur particulière sur laquelle je reviendrai plus loin.

Nemfidius.

Les deniers au nom de *Nemfidius* constituent le groupe le plus important de la trouvaille de Cimiez. Douze cents pièces environ appartiennent à cette série. Les variétés en sont innombrables. En voici la description détaillée[1].

25. Tête diadémée, à g.; devant, la lettre **N**; au dessous, grènetis horizontal.

     ℞. **NE** en monogramme surmonté d'une croix longue; à l'entour, **MFIDIVᴎ**.

     Coll. M.-F., 8 ex. (1 ex., 1 gr. 20 — 3 ex., 1 gr. 15 — 2 ex., 1 gr. 10 — 1 ex., 1 gr. 05 — 1 ex., 0 gr. 85).   Pl. III, nº 42.

26. Semblable à la précédente.

     ℞. **NE** en monogramme surmonté d'une croix longue; à l'entour, **WFIDIUᴎ**.

     Coll. M.-F., 9 ex. (3 ex., 1 gr. 20 — 3 ex., 1 gr. 15 — 2 ex., 1 gr. 10 — 1 ex., 1 gr. 05).   Pl. III, nº 43.

27. Variété. Quatre globules avant **MFIDIVᴎ**.

     Coll. M.-F., 16 ex. (4 ex., 1 gr. 20 — 4 ex., 1 gr. 15 — 7 ex., 1 gr 10 — 1 ex., 1 gr. 05).   Pl. III, nº 44.

28. Variété. **NE** en monogr. rétrograde; à l'entour, **MFIDI**.

     Coll. M.-F., 1 ex., 1 gr. 15.   Pl. III, nº 45.

29. Variété. **NE** en monogr. Sans légende circulaire.

     Coll. H. Morin.   Pl. III, nº 46.

     Publ. par B. Fillon, *Lettres*, p. 107, pl. VI, nº 3.

---

1. Les légendes seules offrent une trentaine de types différents. Voyez la planche V.

30. Tête diadémée, à g. ; devant, une croix.

 R⁄. **NEMFIDIV—** autour d'une grande croix chrismée.

 Coll. M.-F., 30 ex. (4 ex., 1 gr. 20 — 8 ex:, 1 gr. 15 — 9 ex., 1 gr. 10 — 9 ex., 1 gr. 05). Pl. III, n° 47.

 Attribuée par B. Fillon à Rodez, *Lettres*, p. 107, pl. VI, n° 1.

31. Tête diadémée, à dr. ; devant, une croix.

 R⁄. **NEMFIDIV∾** autour d'une grande croix chrismée.

 Coll. M.-F., 1 ex., 1 gr. 10. Pl. III, n° 48.

32. Variété. **NEMFIDIV—**.

 Coll. M.-F., 5 ex. (1 ex., 1 gr. 20 — 4 ex., 1 gr. 15). Pl. III, n° 49.

33. Variété. Tête à g. ; devant, une croix.

 R⁄. **+ N....FIDVI**. Croix chrismée dégénérée.

 Coll. M.-F., 2 ex., 1 gr. 10. Pl. III, n° 50.

34. Tête nue, à dr.

 R⁄. **+NI·FIDIVS**. Croisette.

 Coll. M.-F., 19 ex. (2 ex., 1 gr. 20 — 2 ex., 1 gr. 15 — 8 ex., 1 gr. 10 — 4 ex., 1 gr. 05 — 1 ex., 1 gr. — 1 ex., 0 gr. 85 — 1 ex., 0 gr. 80). Pl. III, n° 51.

35. Tête nue, à dr.

 R⁄. **·NIFIDIVS**. Fleuron, à trois pétales.

 Coll. du comte de Clapier, 1 ex. Pl. III, n° 52.

Le major Carpentin, en publiant cette monnaie dans la *Revue numismatique*, 1863, p. 258, pl. XIII, n° 1, rapporte le rameau à l'influence gallo-romaine qui a produit les plombs d'Alésia et de Perthes. C'est chercher un peu loin, et certaines monnaies des rois Wisigoths d'Espagne offrent un rapprochement plus naturel et préférable à tous égards. On pourra constater la présence de rameaux analogues à celui de notre denier sur des monnaies de Chindasvinthe (642-649)[1], de Recesvinthe (653-672)[2], de Wamba (672-680)[3], d'Egica (687-698)[4] et de Witiza (700-711)[5].

1. Heiss, *Description générale des monnaies des rois Wisigoths d'Espagne*, pl. VIII, n° 13.
2. *Ibid.*, pl. IX, n° 11.
3. *Ibid.*, pl. IX, n° 5.
4. *Ibid.*, pl. X, n° 17,
5. *Ibid.*, pl. XII, n° 2.

36. Tête à dr.

℞. + N·F DIVS. Petite croix.

Coll. M.-F., 23 ex. (1 ex., 1 gr. 25 — 4 ex., 1 gr. 15 — 10 ex., 1 gr. 10 — 2 ex., 1 gr. 05 — 4 ex., 1 gr. — 1 ex., 0 gr. 95 — 1 ex., 0 gr. 80).   Pl. III, n° 53.

37. Même tête.

℞. ·NIFIDVS. Petit rameau comme au n° 35.

Coll. M.-F., 10 ex. (1 ex., 1 gr. 15 — 9 ex., 1 gr. 10). Pl. III, n° 54.

38. Autre semblable.

℞. NI·CIDVS. Petit rameau comme au n° 35.

Coll. M.-F., 2 ex., 1 gr. 10.   Pl. III, n° 55.

B. Fillon, *Lettres*, p. 107, pl. V, n° 20, donne cette monnaie à la suite de celles de Rodez et la dit être d'une localité peu éloignée, mais d'une autre circonscription territoriale.

39. Variété. + NI·F·DVS. Croisette.

Coll. M.-F., 10 ex. (1 ex., 1 gr. 20 — 2 ex., 1 gr. 15 — 5 ex., 1 gr. 10 — 2 ex., 1 gr. 05).   Pl. III, n° 56.

40. Variété. N·FIDVS. Croisette.

Coll. M.-F., 17 ex. (6 ex., 1 gr. 15 — 7 ex., 1 gr. 10 — 3 ex., 1 gr. 05 — 1 ex. 1 gr.).   Pl. III, n° 57.

41. Variété. + N.FIDVS.

Coll. M.-F., 6 ex. (2 ex., 1 gr. 15 — 2 ex., 1 gr. 10 — 1 ex., 1 gr. 05 — 1 ex., 1 gr.)

42. Variété. +N+DIV·S. Exemplaire de la coll. H. Morin, cité par B. Fillon, *Lettres*, p. 107, pl. V, n° 21. La seconde croisette n'est-elle pas un F altéré ?

43. Variété. + N·FIDIVS. Petite croix.

Coll. M.-F., 1 ex., 1 gr. 05.   Pl. III, n° 58.

44. Tête à dr. dans un grènetis. Style très grossier.

℞. + N·F·DVS. Au centre, un point.

Coll. M.-F., 16 ex. (2 ex., 1 gr. 25 — 2 ex., 1 gr. 20 — 7 ex., 1 gr. 15 — 4 ex., 1 gr. 10 — 1 ex., 1 gr. 05).

45. Variété. + N·F'DVS.

Coll. M.-F., 1 ex.

46. Variété. **NFDVS** précédé du rameau wisigoth ; au centre, un point.
Coll. M.-F., 4 ex., 1 gr. 10.   Pl. III, n° 59.

47. Variété. **+ N.FDVS** autour d'une petite croix.
Coll. M.-F., 23 ex. (8 ex., 1 gr. 20 — 7 ex., 1 gr. 15 — 2 ex., 1 gr. 10
— 5 ex., 1 gr. 05 — 1 ex., 0 gr. 95).

48. Tête à dr. ; devant, une croix.
℞. **ИEWFIƆIИƧ**. Croisette à branches égales, dans un grènetis.
Coll. M.-F., 17 ex. (6 ex., 1 gr. 15 — 5 ex., 1 gr. 10 — 2 ex.,
1 gr. 05 — 1 ex., 1 gr. — 3 ex., 0 gr. 95).   Pl. III, n° 60.

49. Tête à g. ; devant, la lettre **Γ** (peut-être une croix).
℞. **....IDIVS**. Croix dans un grènetis.
Coll. M.-F., 6 ex. (1 ex., 1 gr. 20 — 2 ex., 1 gr. 15 — 1 ex. 1 gr. 10
— 1 ex., 1 gr. 05 — 1 ex., 1 gr.)   Pl. III, n° 61.

50. Dégénérescence encore plus marquée. Le côté de la tête est visible,
mais, au revers, il ne reste plus que les traces de la légende
rétrograde ᴐ.......⋔N.
Coll. M.-F., 2 ex. (1 ex., 1 gr. — 1 ex., 0 gr. 85.)

50 *biš*. Variété. Tête à dr. ; devant, une croix.
℞. La légende rétrograde **ᴜᴜIƧIℲM⋔И**.
Coll. M.-F., 5 ex.   Pl. III, n° 63.

Ce denier a été publié *Revue belge*, 1857, pl. XXI, n° 20, par M. Cha-
lande, qui se borne à dire qu'il a été trouvé près de Marseille. Il était impossible, en effet, de risquer l'interprétation d'un exemplaire isolé de cette
fabrication barbare.

51. Même type.
℞. —⋔—— Vestiges confus d'une légende dans laquelle on ne distingue plus que l'**E** lunaire.
Coll. M.-F. 12 ex. (2 ex., 1 gr. 20 — 5 ex., 1 gr. 15 — 2 ex.,
1 gr. 10 — 2 ex., 1 gr. 05 — 1 ex., 1 gr.)   Pl. III, n° 64.

Les deux cent quarante-sept deniers qui précèdent nous ont offert le nom
de Nemfidius depuis la forme la plus complète jusqu'aux altérations les plus
grossières, mais cependant toujours reconnaissable.

Guidé par ces éléments certains, je crois pouvoir rattacher, sinon au même
personnage, du moins au même nom, les monnaies suivantes :

52. Tête à dr., entre deux croisettes; le tout dans un grènetis.
R⃰. Les lettres **N F D S**. (*Nem Fi Diu S*) en monogramme cruciforme.
Coll. M.-F., 48 ex. (1 ex., 1 gr. 30 — 1 ex., 1 gr. 25 — 3 ex., 1 gr. 20
— 14 ex., 1 gr. 15 — 20 ex., 1 gr. 10 — 2 ex., 1 gr. 05 — 4 ex.,
1 gr. — 2 ex., 0 gr. 95 — 1 ex., 0 gr. 85).   Pl. III, n° 65.

53. Variété; le monogr. dans un grènetis.
Coll. M.-F., 63 ex. (3 ex., 1 gr. 25 — 10 ex., 1 gr. 20 — 12 ex.,
1 gr. 15 — 17 ex., 1 gr. 10 — 11 ex., 1 gr. 05 — 8 ex., 1 gr. —
2 ex., 0 gr. 95).   Pl. IV, n° 66.

54. Variété. Les lettres **N.F.D.S.** séparées par un point.
Coll. M.-F., 11 ex. (3 ex., 1 gr. 20 — 3 ex., 1 gr. 15 — 5 ex.,
1 gr. 10).   Pl· IV, n° 67.

55. Variété. Monogramme rétrograde.
Coll. M.-F., 1 ex., 1 gr. 05.   Pl. IV, n° 68.

56. Buste à dr.
R⃰. Les lettres **N D S** (**N** et **D** liés ensemble) surmontées d'une croi-
sette; au dessous, fleuron à trois pétales, signalé plus haut.
Coll. M.-F., 6 ex. (2 ex., 1 gr. 20 — 2 ex., 1 gr. 10 — 1 ex., 1 gr.
— 1 ex., 0 gr. 95).   Pl. IV, n° 69.
B. Fillon, *Lettres*, p. 107, pl. X, n° 22, a classé ce denier à la suite de
Rodez.

57. Variété. Tête informe; au dessous, une croisette.
R⃰. Le monogr. **ND**, surmonté d'un **S**.
Coll. M.-F., 10 ex. (2 ex., 1 gr. 20 — 4 ex., 1 gr. 15 — 3 ex.,
1 gr. 10 — 1 ex., 0 gr. 90).   Pl. IV, n° 70.

58. Tête à dr.; derrière, une croisette.
R⃰. **NEF**; au dessus et au dessous une croisette, le tout dans un grènetis.
Coll. M.-F., 85 ex. (1 ex., 1 gr. 35 — 1 ex., 1 gr. 30 — 4 ex.,
1 gr. 25 — 9 ex., 1 gr. 20 — 12 ex., 1 gr. 15 — 23 ex., 1 gr. 10.
— 22 ex., 1 gr. 05 — 6 ex., 1 gr. — 5 ex., 0 gr. 95 -- 1 ex.,
0 gr. 90 — 1 ex., 0 gr. 75).   Pl. IV, n° 71.

59. Autre variété de la précédente. Les lettres **N** et **E** sont liées ensemble.
Coll. M.-F., 60 ex. (5 ex., 1 gr. 25 — 6 ex., 1 gr. 20 — 11 ex.,
1 gr. 15 — 13 ex., 1 gr. 10 — 12 ex., 1 gr. 05 — 9 ex., 1 gr. —
2 ex., 0 gr. 95 — 1 ex., 0 gr. 90 — 1 ex., 0 gr. 75). Pl. IV, n° 72.

60. Variété. Une croisette sous le monogr. **NEF**.

Coll. M.-F.; 50 ex. (1 ex., 1 gr. 25 — 4 ex., 1 gr. 20 — 15 ex.,
1 gr. 15 — 19 ex., 1 gr. 10 — 6 ex., 1 gr. 05 — 4 ex., 1 gr. —
1 ex., 0 gr. 95). Pl. IV, n° 73.

61. Variété. La croisette au dessus du monogr.

Coll. M.-F., 50 ex. (1 ex., 1 gr. 35 — 2 ex., 1 gr. 25 — 5 ex.,
1 gr. 20 — 10 ex., 1 gr. 15 — 14 ex., 1 gr. 10 — 11 ex., 1 gr. 05
— 3 ex., 1 gr. — 2 ex., 0 gr. 95 — 1 ex., 0 gr. 90 — 1 ex.,
0 gr. 85). Pl. IV, n° 74.

62. Tête à g., entre deux globules.

℞. Les lettres **NEF** en monogr.

Coll. H. Morin. Pl. IV, n° 75.

63. Tête diadémée à dr.; devant, une croisette.

℞. N dans un grènetis et entouré de quatre croisettes.

Coll. M.-F., 12 ex. (1 ex., 1 gr. 20 — 1 ex., 1 gr. 15 — 6 ex.,
1 gr. 10 — 3 ex., 1 gr. 05 — 1 gr. 0 gr. 95.) Pl. IV, n° 76.

64. Tête à dr., avec buste triangulaire entre une croix et le fleuron à trois
pétales.

℞. Comme le précédent.

Coll. M.-F., 157 ex. (1 ex., 1 gr. 40 — 7 ex., 1 gr. 25. — 11 ex.,
1 gr. 20 — 53 ex., 1 gr. 15 — 45 ex., 1 gr. 10 — 27 ex., 1 gr. 05
— 10 ex., 1 gr. — 2 ex., 0 gr. 95 — 1 ex., 0 gr. 90).
Pl. IV, n° 77.

65. Tête à dr., dans un grènetis. Ce type est si informe qu'il ressemble
plutôt à une tête d'oiseau.

℞. Variété du précédent.

Coll. M.-F., 6 ex. (4 ex., 1 gr. 15 — 1 ex., 1 gr. 10 — 1 ex., 1 gr.)
Pl. IV, n° 78.

B. Fillon, *Lettres*, p. 107 et pl. VI, n°s 4 et 8 à 18, place les n°s 59 à 62,
64 et 65 à la suite de son article Rodez.

66. Tête nue, à dr. Variété de coin.

Coll. M.-F., 1 ex., 1 gr. 25. Pl. IV, n° 79.

Le type suivant offre, par la forme de la tête et le caractère général du
travail, une grande analogie avec les deniers au nom de Nemfidius. Le
monogr. s'y rapporte également et la grande quantité d'exemplaires de cette

variété indique qu'ils appartiennent à une époque voisine de l'enfouissement de notre petit trésor. Et bien que le monogr. puisse, à la rigueur, se lire **NEM** (*antus*) par exemple, je n'hésite pas à considérer comme une nouvelle variété des monnaies de Nemfidius les 118 deniers suivants.

67. Tête diadémée, à dr.; devant, une croix.

    ℞. Les lettres **NEM** en monogr.

    Coll. M.-F., 118 ex. (1 ex., 1 gr. 40 — 2 ex., 1 gr. 30. — 3 ex., 1 gr. 25 — 3 ex., 1 gr. 20 — 55 ex., 1 gr. 15 — 18 ex., 1 gr. 10 — 21 ex.. 1 gr. 05 — 9 ex., 1 gr. — 3 ex., 0 gr. 95 — 3 ex., 0 gr. 90).

                                                 Pl. IV, n° 80.

En parlant des n⁰ˢ 64 et 67, B. Fillon, *Lettres*, p. 107, pl. VI, n⁰ˢ 7 et 8, dit : « Ce sont des dérivés de triens parfaitement connus pour appartenir au « Rouergue, en tirant vers le Gévaudan; comparez surtout avec eux, afin de « ne conserver aucun doute, le n° 5 de la pl. XIII des *Monétaires des rois* « *mérovingiens*, et la filiation sera clairement révélé à vos yeux. » Il n'est pas nécessaire de démontrer que les deux deniers précités sont absolument étrangers au Rouergue et je doute fort que la comparaison avec la pièce empruntée à Conbrouse plaide en faveur de cette attribution. Le denier au monogr. **NEM** n'est point une dégénérescence du monogr. **R N S**; c'est simplement une légende pure et correcte, mais abrégée. Je crois que B. Fillon aurait fait lui-même cette remarque si, au lieu d'être réduit à l'examen de quelques pièces isolées, il avait eu, comme moi, la ressource de ces centaines d'exemplaires et d'autant d'éléments de comparaison.

Je revendiquerai encore pour Nemfidius les deux deniers suivants tirés de la publication de M. de Lagoy souvent citée ici.

68. Tête tournée à dr.; devant, une petite croix.

    ℞. Monogramme dans lequel on voit clairement les lettres **NEMFIDIV**, entouré d'un grènetis et surmonté d'une barre d'abréviation.

    Coll. de Lagoy (*loc. cit.*, n° 17).   Pl. IV. n° 81.

69. Variété. La lettre **E** est remplacée par un **F** dans le monogr. La barre d'abréviation manque.

    Coll. de Lagoy (*loc. cit*, n° 18).   Pl. IV, n° 82.

Le major Carpentin, *Revue numismatique*, 1864, p. 125, donne ces monnaies à Antenor et, d'accord avec M. de Longpérier, il trouve dans ces deux variétés du même monogramme tous les éléments de ce nom. Je ne saurais, malgré la grande autorité de ce savant, me ranger à cette opinion et malgré l'élasticité connue des monogrammes, je trouve que dans le cas présent le nom d'Antenor se présente moins volontiers à l'esprit que celui de Nemfidius. La même appréciation s'applique aux monnaies suivantes.

70. Tête à g., tournée vers une petite croix et placée entre deux points ou globules.

  R⁄. Monogr. de *Nemfidius*; dégénérescences variées.

  Coll. M.-F., 255 ex. (1 ex., 1 gr. 50 — 1 ex., 1 gr. 40 — 2 ex., 1 gr. 35 — 3 ex., 1 gr. 30 — 7 ex., 1 gr. 25 — 18 ex., 1 gr. 20 — 29 ex., 1 gr. 15 — 76 ex., 1 gr. 10 — 51 ex., 1 gr. 05 — 23 ex., 1 gr. — 26 ex., 0 gr. 95 — 9 ex., 0 gr. 90 — 8 ex., 0 gr. 85 — 1 ex., 0 gr. 70).   Pl. IV, n°s 83, 84, 85.

71. Variété. Monogramme encore plus dégénéré,

  Coll. M.-F., 1 ex., 1 gr. 21.   Pl. IV, n° 86.

  B. Fillon l'attribue au Rouergue, *Lettres*, p. 107, pl. VI, n° 6.

72. Variété. Tête à g.; derrière, une petite croix.

  R⁄. Monogramme encore plus incorrect.

  Coll. M.-F., 3 ex. (2 ex., 1 gr. — 1 ex., 0 gr. 85).   Pl. IV, n° 87.

Je terminerai cette longue énumération en rappelant ici une monnaie unique qui n'appartient pas, il est vrai, à la trouvaille de Cimiez, mais qui, par sa fabrique et son monogramme, se rapproche beaucoup des deniers de Marseille et peut-être même de ceux de Nemfidius en particulier. Cette pièce a été figurée par Conbrouse, *Monétaires des rois mérovingiens*, pl. 23, n° 4, et je la reproduis pl. IV, n° 88.

Conbrouse la donne comme appartenant à Thierry IV, *Dominus Noster Deodericus*; il insinue aussi qu'elle pourrait être de Dagobert Ier, *Dagobertus Nantildis*; interprétations invraisemblables. Ce denier a été trouvé à Marseille. Son style est analogue à celui des deniers que nous venons de décrire. Aussi je crois que les lettres N̄D sont une abréviation de *Nemfidius*. J'ai déjà attribué à ce personnage un denier, n° 57, pl. IV, n° 70, qui porte un monogramme formé des lettres N et D, et surmonté d'un S.

Aucune des monnaies précédentes ne donne à Antenor, Ansedert ou Nemfidius, le titre de duc ou de patrice. Cependant il est raisonnable de penser qu'elles émanent de cette haute autorité. La liste de ces dignitaires, en ce qui concerne Marseille, aux VIIe et VIIIe siècles, est bien restreinte. Un acte de l'an 781, procès-verbal d'un plaid tenu à Digne, le 23 février 780, par des *missi* de Charlemagne[1], mentionne le patrice *Nemfidius*, auquel succède un autre patrice du nom d'*Antener*, puis viennent *Metrano* et *Abbo*.

Sommes-nous en droit d'attribuer à ce Nemfidius et à cet Antener ceux de nos deniers qui portent en légende les noms de *Nemfidius* et d'*Antenor*. Pour Nemfidius, il n'y a aucune difficulté à cela. Mais pour Antener il n'en est pas de même; non pas que la différence orthographique doive nous arrêter. Mais c'est que les deniers au nom d'Antenor sont d'un style plus ancien que ceux de Nemfidius. Or, on voit au contraire que l'Antener mentionné dans l'acte du cartulaire de Saint Victor fut patrice après Nemfidius. Il vivait sous Pépin le Bref[2]. Pour peu que l'on ait étudié les lois des dégénérescences qui président au développement de la monnaie, il est difficile de croire qu'après avoir adopté le monogramme pour orner le revers des deniers, on soit revenu au type plus ancien de la croix haussée. Le nom d'Antenor a pu se perpétuer dans les grandes dignités comme celui de Nemfidius, qu'on trouve déjà à Marseille, écrit Nimfidius sous le consulat de Probinus et d'Eusèbe, c'est-à-dire en l'an 489[3].

Le lecteur sera frappé, en examinant avec attention les douze cents deniers de Nemfidius, non pas tant de la prodigieuse variété des types, qui, à la rigueur, pourrait tenir à la multiplicité des localités administrées par ce patrice, que de la présence simultanée des monnaies à légendes complètes, pures ou incorrectes peu importe, et des monnaies à monogrammes. Il remarquera la prépondérance en nombre de ces dernières relativement aux autres. Mais le patriciat de Nemfidius peut avoir été très prolongé et avoir été contemporain de la révolution monétaire qui a substitué le monogramme aux légendes *in extenso*. C'est la seule explication que l'on puisse fournir, mais il n'en demeure pas moins démontré que son successeur Antenor a dû trouver l'évolution accomplie et que ses monnaies doivent toutes être libellées en monogrammes, que les pièces à la croix haussée ne sauraient par conséquent lui appartenir, et qu'elles sont, comme je l'ai dit plus haut, l'œuvre d'un autre Antenor qu'il convient de placer au milieu du VIIe siècle.

Quant au patrice Metrano que Carpentin[4] voudrait doter de la pièce au monogr. **NEM** qu'il propose de lire **META**, je me réfère à l'attribution que j'ai faite plus haut de cette monnaie à Nemfidius. Les éléments nécessaires à la lecture proposée par Carpentin font absolument défaut.

---

1. Publ. dans Guérard, *Cartul. de l'abbaye de Saint-Victor de Marseille*, n° 31, t. I, p. 43-46.
2. Voyez plus haut p. 5.
3. Voyez l'inscription citée par Carpentin, dans *Revue numismat.*, 1863, p. 260.
4. *Revue numismatique*, 1864, p. 127, pl. V, n° 16.

On en peut dire autant du denier que M. de Lagoy[1] donne avec beaucoup de vraisemblance à Avignon. On y voit les lettres AVENI et rien à peu près de ce qu'exigerait la lecture METRANO.

Il convient de rappeler ici le joli denier à la légende ISARNO, aujourd'hui conservé au Cabinet de France, gravé par Conbrouse, *Monétaires des rois mérovingiens*, pl. 26, n° 15, attribué à Marseille par P. d'Amécourt, *Essai sur la numismatique mérovingienne*, p. 111. *Isarnus* est un nom éminemment méridional et qui revient souvent dans les actes du cartulaire de Saint-Victor de Marseille. On le rencontre aussi à Nîmes, mais je crois qu'on peut, sans hésitation, donner cette monnaie à Marseille, à cause de son style. Sa place me paraît tout indiquée après Antenor, puisqu'elle n'a plus au revers l'ancien type, c'est-à-dire la croix haussée, et auprès de Nemfidius, peut-être avant, car on y trouve le rameau wisigothique que nous avons signalé sur les monnaies de ce patrice.

§ 2. MONNAIES AVEC LE NOM SEUL DE MARSEILLE.

73. Tête à dr.
  R⁄. **MAꙍILIA.** Croix haussée sur un degré.
  Coll. M.-F., 1 ex., 1 gr. 10.   Pl. II, n° 21.

74. Autre. Devant la tête, une lettre effacée.
  R⁄. Même légende. La croix haussée, au dessus d'un point.
  Coll. M.-F., 1 ex., 1 gr. 05.   Pl. II, n° 22.

75. Autre. Devant la tête, la lettre ꟼ renversée.
  R⁄. **MAꙍ—LIΛ.** Croix haussée.
  Coll. de Lagoy (Description, n° 5).   Pl. II, n° 23.

On remarquera combien l'aspect de ces pièces rappelle les monnaies d'Antenor. Peut-être lui appartiennent-elles, ainsi que la suivante qui se rapprocherait naturellement du denier décrit sous le n° 5 (pl. I, n° 20) et sur lequel nous avons remarqué la substitution de la croix simple à la croix haussée.

Le sigle placé devant la tête, au n° 75, a été considéré par le marquis de Lagoy comme devant se lire *d* ou *s*. Cartier père, qui possédait un autre exemplaire, y voyait « très positivement un dauphin, ou un autre poisson à

---

1. *Description de quelques monnaies mérovingiennes*, n° 24.

grosse tête, à queue fourchue », s'appuyant sur ce que deux tiers de sol de Sigebert, à Marseille, montrent un dauphin devant la tête royale (*Revue num.* 1839, p. 421, pl. XVII, n° 16).

Je rapporte cette divergence d'opinion au sujet de ce mince détail pour établir encore une fois combien l'étude des monuments monétaires mérovingiens est conjecturale quand elle n'a pour base qu'un seul exemplaire, comme cela arrive si souvent.

76. Tête à dr.; devant, une croix.
   RƩ. MΛ∽ILIA. Croix égale.
   Coll. M.-F., 2 ex., 1 gr. 15.   Pl. II, n° 24.

77. Autre exemplaire semblable avec la légende très altérée I·I≺ — ILIA.
   Coll. M.-F., 1 ex., 0 gr. 90.

Cette pièce, ainsi que les n°s 75 et 76, a conservé l'aspect des monnaies impériales.

78. Tête diadémée, à dr.
   RƩ. MΛ∽ILIΛ en légende rétrograde. Croix.
   Coll. M.-F., 1 ex., 1 gr. 10.   Pl. II, n° 25.

79. Tête diadémée, à dr.
   RƩ. ⊢≺CI....IΛ. Légende rétrograde.
   Coll. M.-F., 1 ex., 1 gr. 10.   Pl. II, n° 26.

M. de Lagoy a produit un autre exemplaire de cette pièce et qu'il lit MAICCI (*Descript.*, n° 10).

80. Tête radiée, à dr.
   RƩ. MASILIA. Croix.
   Coll. H. Morin.   Pl. II, n° 27.

81. Tête radiée, à dr., dans un grènetis.
   RƩ. M surmonté d'une croisette; à l'entour SILIA.
   Coll. M.-F., 2 ex., 1 gr. 10.   Pl. II, n° 28.

82. Autre. La lettre M du revers est remplacée par MA en monogr.
   Coll. M.-F., 1 ex., 1 gr. 05.   Pl. II, n° 29.

83. Même type.
   RƩ. M surmonté d'une croisette; à l'entour ∽LIA.
   Coll. M.-F., 2 ex., 1 gr. 10.   Pl. II, n° 30.

84. Autre. Variété.

R⁄. M surmonté d'une croisette ; à l'entour, ∿IL.A.

85. Tête à g. ; devant, petite croix ; le tout dans un grènetis. Style très barbare.

R⁄. Le monogr. MA surmonté d'une croisette ; à dr., dans le champ, une grande croix.

Coll. M.-F., 1 ex., 0 gr. 90.   Pl. II, n° 31.

Après ces monnaies, dont l'attribution à Marseille est incontestable, en voici quelques autres qui me paraissent convenir à cette localité avec des probabilités plus ou moins grandes. Le lecteur en jugera.

86. La lettre M sur deux points, surmontée d'une croix.

R⁄. Croix accostée des lettres OΣΛ. Le sens des lettres m'échappe, mais, par la disposition autour de la croix, elles rappellent le monogr. des monnaies de Nemfidius, figurées pl. IV, n°s 66 à 68.

Coll. M.-F., 58 ex.   Pl. II, n° 32.

87. Autre. Au revers, la croix accostée des lettres OΣΛC.

Coll. M.-F., 86 ex.   Pl. II, n° 33.

88. Variété.

Coll. M.-F., 7 ex.   Pl. II, n° 34.

89. Variété.

Coll. M.-F., 2 ex.   Pl. II, n° 35.

On a cherché bien des explications aux lettres qui, sur ces deniers, accompagnent la croix du revers ; les uns y ont vu DAGO (*bertus*) ; d'autres, en liant les lettres O et L ont trouvé CAROL (*us*) ce qui est inadmissible.

Ce type appartient aux derniers temps de la période de transition ; espérons que d'autres variétés plus rapprochées du prototype permettront une lecture contre laquelle mes efforts ont échoué.

Les quatre variétés ci-dessus sont représentées par 153 ex. qui ont donné les pesées suivantes :

1 ex., 1 gr. 30 — 1 ex., 1 gr. 25 — 3 ex., 1 gr. 20 — 35 ex., 1 gr. 15 — 56 ex., 1 gr. 10 — 32 ex., 1 gr. 05 — 15 ex., 1 gr. — 6 ex., 0 gr. 95 — 2 ex., 0 gr. 90 — 2 ex., 0 gr. 80.

Des monnaies qui précèdent à la suivante, la liaison est marquée.

90. La lettre M placée sur deux points et surmontée d'une croisette.

℞. Disque d'où s'échappent huit rayons dont quatre sont terminés en croix.

Coll. M.-F., 1 ex., 1 gr. 20.   Pl. II, nº 36.

Il y avait dans le cabinet Voillemier une pièce dont j'ignore l'origine et que je ne puis rattacher sûrement à la trouvaille de Cimiez, mais qui paraît confirmer l'attribution du denier précédent à Marseille. (Pl. XI, nº 227.)

Le type du revers ne permet pas de séparer du denier nº 90, le denier suivant.

91. Monogramme dans lequel on distingue les lettres **MA** surmontées de la croix, puis sur chaque côté les lettres **RO** et **BO**.
   ℞. Disque semblable à celui du nº 90.
   Coll. M.-F., 2 ex., 1 gr. 10, 0 gr. 95.   Pl. II, nº 37.

Le monogramme affecte ici une forme bizarre et nouvelle. Il est certain qu'il faut lire la monnaie de façon à donner aux syllabes **RO** et **BO** la position horizontale. Après quoi, retournant la monnaie de manière à ce que l'**A** majuscule reprenne sa position normale, il me paraît naturel, dans cette légende si travaillée, de traiter cette dernière lettre comme un monogramme composé des lettres **MA** ou **AM**.

On trouverait par ce procédé d'une part le nom de Roboam et les initiales de **MA**ssilia, double emploi dont certains deniers de Nemfidius ont donné l'exemple.

Ce nom est un peu inattendu après ceux d'Antenor et Nemfidius, puis d'Ansedert. Mais il serait facile de citer des analogues aussi bibliques. Grégoire de Tours mentionne un Samson, fils de Chilpéric, un Abraham, abbé de Saint-Cyr, et Jacob, fils de Malo, comte breton. Le cartulaire de Saint-Victor à Marseille nomme Absalon, David et Salomon.

92. Personnage debout, tenant une longue croix de chaque main.
   ℞. Semblable au revers des nºˢ 90 et 91.
   Coll. M.-F. 2 ex., 1 gr. 25, 1 gr. 05.   Pl. VII, nº 122.

Le revers de ce denier est semblable à celui des deux deniers précédents. Mais le lieu de son émission est tout à fait incertain. Le type du droit, en effet, apparaît fréquemment sur les *sceattas* anglo-saxons[1]. Il est vrai qu'on

---

1. Ch. F. Keary, *A catalogue of english coins in the British Museum, anglo-saxon series*, vol I, (London, 1887), pl. II, nºˢ 15, 16, 19, 20, 21, 25, 26 ; pl. IV, nº 3.

le retrouve sur des deniers de Pépin et de Charlemagne, découverts à Imphy[1],
et aussi sur un denier de Pépin, où il est accompagné des lettres **CARN**[2]. Ce
type a donc été en usage tout à la fois dans les ateliers de la Gaule et de la
Grande Bretagne.

M. Keary range parmi les *sceattas* une monnaie d'argent[3] tout à fait analogue à notre n° 92.

93. La lettre **M** surmontée d'une croix et accostée de points diversement
combinés.

R̥. Quatre traits divisant le champ en plusieurs losanges.
Coll. M.-F., 3 ex. (1 ex., 1 gr. 30 — 2 ex., 1 gr. 20).

Pl. II, n° 38.

Cette monnaie a été déjà signalée par M. de Lagoy (*Descript.* n° 28), qui
l'avait trouvée à Saint-Remy ainsi que la suivante, et les donne toutes deux
à Marseille.

94. Monogr. composé des lettres **MAS**; autour, une légende indéchiffrable
dans laquelle on distingue ..O..ΓΙ∾Ι.

R̥. Légende rognée. Croix ancrée dans un grènetis ouvert en bas.
Coll. M.-F., 1 ex., 1 gr. 35.   Pl. II, n° 39.

Ce denier, d'un module un peu plus grand que d'habitude et de plus assez
épais, est illisible malgré sa parfaite conservation. Le *flou* de sa fabrique con-
traste éminemment avec l'ensemble des pièces marseillaises de Cimiez.

Le coin, trop large pour le diamètre du flan, n'a guère imprimé que la
base de la plupart des lettres.

M. de Lagoy (*loc. cit.* n° 27) lit ....**OEVTISI**. qu'il n'explique pas, non
plus que le revers. Un exemplaire de la collection de M. Cartier donne
...**OИTI∾Ι** et au revers ..**OIVTOMVI**, ce qui n'éclaire pas la question.
(*Revue num.*, 1839, pl. XVII, n° 14).

Quant au poids élevé de ce denier il ne faut pas s'y arrêter; mais je rappelle qu'au n° 89, j'ai constaté une pesée de 1 gr. 30 alors que la moyenne
était seulement 1 gr. 08 et que la plus faible des pièces descendait jusqu'à
0 gr. 80.

Ce denier rappelle par sa contexture certaines pièces royales émises à Marseille, mais il faut convenir qu'il s'écarte beaucoup de l'aspect général des

1. A. de Longpérier, *Cent deniers de Pépin... découverts près d'Imphy*, dans *Revue numismat.*,
1858, p. 232, pl. XII, n° 22, pl. XIII, n° 41.
2. Conbrouse, atlas intitulé *Catalogue raisonné des monnaies nationales de France*, pl. 29, n° 4.
3. Keary, *ouvrage cité*, pl. IV, n° 20.

monnaies marseillaises de Cimiez. J'en pourrais presque dire autant du
n° 93.

95. Tête à dr.; au devant, une petite croix. Derrière la tête, la lettre **M**[1].
R⁄. Ornement en forme d'entrelacs entre une croisette et quatre points.
Coll. M.-F., 1 ex., 1 gr. 25.   Pl. II, n° 40.

96. Autre. Tête de travail grossier, à dr.; devant, une croix fichée sur un
degré.
R⁄. Comme au denier précédent.
Coll. M.-F., 1 ex., 1 gr. 10.   Pl. II, n° 41.

Conbrouse (*Monn. méroving.* pl. XXX, 4) et Cartier (*Revue num.* 1839, pl.
XVII, n° 10) donnent la première de ces deux variétés et l'attribuent à Marseille, en raison, sans doute, de la lettre **M** qu'on lit nettement du côté de la
tête.

En décrivant la série des deniers marseillais qui n'offrent pas d'autres indications que celle de la localité (indication discutable, je m'empresse de le
dire), je me suis moins préoccupé de placer ces monnaies dans leur ordre
chronologique que de les disposer de manière à faire ressortir les analogies
qui, suivant moi, les rattachent à la même origine. Toutefois, un coup d'œil
jeté sur la pl. II fera voir que la succession réelle des types n'a pas souffert
de cet arrangement. Les n⁰ˢ 21 à 27 de la planche rappellent positivement les
monnaies de l'Antenor que je place vers 650, les n⁰ˢ 28 à 31 sont dans la
manière d'Ansedert et ainsi de suite.

Quant aux deniers à la lettre **M**, ils peuvent convenir aussi bien à M*etrano*
qu'à M*assilia*, mais je doute fort que le trésor de Cimiez, que nous avons déjà
des raisons de croire antérieur à 737, descende à beaucoup près aussi bas. Je
donnerai plus loin les motifs de cette opinion en discutant les monnaies au
monogr. **ANT** (pl. VII, n⁰ˢ 119 à 121).

§ 3. CHILDEBERT III A MARSEILLE (695-711).

97. Є**R** entouré d'une légende qui ne laisse plus voir que les lettres
AS.....
R⁄. Couronne perlée et ouverte en bas; à l'intérieur, une croix ancrée

1. La lettre **M** est presque entièrement rognée sur l'exemplaire de la collection Morel-
Fatio. (*Note de l'éditeur.*)

posée sur trois points ou globules; à l'entour, les vestiges de la légende connue **LEODEGISELO**.

Coll. M.-F., 1 ex.   Pl. XI, n° 228.

Ce précieux denier, publié, je crois, pour la première fois par Conbrouse [1] d'après un exemplaire du musée Calvet, à Avignon, et attribué par lui avec le signe du doute à Childebert III, n'a jamais jusqu'à présent laissé lire le nom de la localité à laquelle il appartient. Les deux lettres **AS** qui subsistent sur mon exemplaire pouvaient permettre de songer à Marseille, mais il était à craindre que l'on fût pour toujours réduit à cette supposition faiblement étayée.

Un autre exemplaire, qui m'a été gracieusement communiqué par M. Jarry, d'Orléans, lève heureusement le doute à cet égard; et, si l'on a quelque peine à établir sûrement la présence du commencement de la légende, c'est-à-dire les deux lettres **MA**, la syllabe suivante **SIL** est au contraire bien visible.

M. de Lagoy (*Description de quelques monnaies mérov.*, n° 16) donne un denier trouvé à Saint-Remi et qui offre par son monogramme une certaine ressemblance avec le mien; mais, comme l'auteur confesse que le dessin de cette pièce ne rend pas exactement l'original, je dois le laisser de côté.

Notre denier est-il royal et appartient-il à Childebert, je le crois [2] : la couronne perlée est une probabilité. Childebert a frappé monnaie à Marseille, nous le savons déjà, et le caractère de notre denier affecte un travail assez différent de ceux qui portent des noms de patrices à cette époque.

ÉVÊQUES DE NIMES (?)

Ranemir (vers 700).

98. Tête à dr.; derrière, une croix.

℞. **RAN** en monogr.; **A** et **N** liés ensemble.

Coll. M.-F., 9 ex. (1 ex., 1 gr. 40 — 1 ex., 1 gr. 25 — 1 ex., 1 gr. 20 — 1 ex., 1 gr. 10 — 1 ex., 1 gr. — 2 ex., 0 gr. 95 — 1 ex., 0 gr. 90 — 1 ex., 0 gr. 75).   Pl. VI, n° 94.

99. Même type.

1. Atlas intitulé *Catalogue raisonné des monnaies nationales de France*, pl. 19.

2. Cette attribution est très douteuse. La lecture de la légende **MASIL** ne nous paraît pas davantage certaine. (*Note de l'éditeur.*)

℞. **RANE** en monogr.; les trois dernières lettres liées ensemble; au dessus, une croisette.

Coll. M.-F., 3 ex., (1 ex.. 1 gr. 05 — 1 ex., 1 gr. — 1 ex., 0 gr. 95).

Pl. VI, n° 95.

100. Même type.

℞. **RANE** en monogr. rétrograde surmonté d'un signe d'abréviation.

Coll. M.-F., 2 ex (1 ex., 0 gr. 95 — 1 ex., 0 gr. 90.) Pl. VI, n° 96.

Palladius (vers 737).

101. Tête à dr.; derrière, une petite croix.

℞. **PAL** au dessus d'une petite croix; la lettre **A** est surmontée d'un trait horizontal.

Coll. M.-F., 2 ex., 1 gr. 10.   Pl. VI, n° 89.

102. Même type.

℞. Même légende. **A** et **L** sont liés.

Coll. M.-F., 6 ex. (1 ex., 1 gr. 20 — 2 ex., 1 gr. 10 — 1 ex., 1 gr. — 1 ex., 0 gr. 95 — 1 ex., 0 gr. 90).   Pl. VI, n° 90.

103. Tête à g., entre deux croisettes.

℞. Le monogr. **PAL**; un point au dessus et trois au dessous.

Coll. M.-F., 5 ex. (1 ex., 1 gr. 20 — 1 ex., 1 gr. 15 — 1 ex., 1 gr. 10 1 ex., 0 gr. 90 — 1 ex., 0 gr. 75).   Pl. VI, n° 91.

104. Tête à dr., entre une croisette et deux points.

℞. **PAL** dans un cercle.

Coll. M.-F., 2 ex. (1 ex., 1 gr. 10 — 1 ex., 1 gr.)   Pl. VI, n° 92.

105. Tête, à dr., entre une petite croix fichée et deux points.

℞. Le monogr. **PAL** rétrograde.

Coll. M.-F., 1 ex., 1 gr. 20.   Pl. VI, n° 93.

Le point d'interrogation qui accompagne l'attribution de ces monnaies à Nîmes indique combien je suis peu fixé à cet égard.

Le concours de ces deux monogr. **RAN** et **PAL** sur des monnaies de même facture, et vraisemblablement de même origine, m'a fait rechercher si quelque localité médiocrement distante de Marseille ne pourrait pas les revendiquer. Les noms des évêques *Ranemir* et *Palladius*, qui ont siégé tous deux à Nîmes au commencement du huitième siècle, ont dû attirer mon attention.

Mais je tiens si peu à mon attribution que je ne serai pas surpris si un jour de nouvelles découvertes permettent de rattacher les deniers aux monogrammes **RAN** et **PAL** à l'officine de Marseille.

D'autre part, le petit nombre de ces curieuses monnaies serait plutôt favorable à l'hypothèse de Nîmes, c'est-à-dire un autre lieu que le centre réel de notre trouvaille.

Il sera bon de comparer les deniers de Ranemir avec ceux que j'ai précédemment attribués avec quelque doute à Nemfidius (Conf. pl. IV, nᵒˢ 81 à 87.).

NARBONNE

106. Tête diadémée à gauche.

℞. **NARBO** en monogramme cruciforme.

Coll. M.-F., 2 ex. (1 ex., 1 gr. 10 — 1 ex., 0 gr. 90.) Pl. VI, nᵒ 97.

Ce denier est l'un des plus intéressants que nous ayons à faire connaître, au point de vue de la filiation des types. C'est sans doute celui dont M. B. Fillon avait ouï parler comme faisant partie de la découverte de Vence et dont il regrettait si fort la disparition[1].

Avec cette monnaie nous avons un nouvel anneau de la chaîne des types fabriqués à Narbonne, et, je le crois aussi, un indice précieux sur l'origine du type cruciforme pour la France.

En effet, le monogramme de notre denier est la copie presque servile de celui qu'on voit sur une monnaie d'or wisigothe émise à Narbonne par Egica et Witiza (696-700)[2]. Ces princes ne faisaient en cela que suivre l'exemple antérieurement donné par Recceswinthe et Chindaswinthe (649-653), à Hispalis (Séville)[3].

Tout porte à croire que ce type cruciforme, usité d'abord au cœur de l'Espagne, puis à Lérida et enfin à Narbonne, s'est communiqué, vers le commencement du huitième siècle, aux ateliers de la France méridionale où il s'est maintenu pendant un certain temps d'une manière caractéristique et en quelque sorte exclusive.

Au début, les lettres du monogramme cruciforme sont soudées aux extrémités des branches de la croix; plus tard elles s'en détacheront et viendront se placer dans les cantons de cette croix pour produire aux temps carolingiens

1. Fillon, *Lettres à M. Dugast-Matifeux*, p. 117.
2. Heïss, *Monnaies des rois Wisigoths d'Espagne*, pl. XI, nᵒ 14.
3. *Ibid.*, pl. VIII, nᵒ 2,

cette disposition que M. de Longpérier appelle « essentiellement méridionale ». Cette qualification très fondée s'applique aussi et plus rigoureuse-
ment encore, personne ne le contestera, au monogramme cruciforme à
lettres soudées de nos deniers mérovingiens.

DENIERS A LA CROIX CANTONNÉE DES SIGLES V-II

Voici une série de deniers que, depuis longtemps et je ne sais sur quelle
autorité, on attribue à Mayence. On ne les a pourtant jamais signalés dans
les trouvailles de la région, tandis qu'au contraire ils se sont fréquemment
rencontrés ailleurs. J'en présente ici un grand nombre de variétés; on pourrait les multiplier à l'infini et cela atteste déjà qu'ils proviennent d'une localité importante, d'un grand centre. C'est évidemment une succession de
dégénérescences, mais de quel prototype? Je vais tenter de le découvrir.

107. Croix cantonnée de quatre points devant une sorte de croissant
     hérissé de traits parallèles.
   ℞. Croix surmontée d'un arc ou signe d'abréviation; V et II dans les
      cantons inférieurs de la croix.
   Coll. M.-F.. 1 ex., 0 gr. 95.   Pl. VI, n° 105.
   Autres variétés.   Pl. VI et VII, n°ˢ 106 à 117.

Voici les pesées réunies de ces variétés que je me borne à figurer parce
qu'elles offrent un type persistant plus ou moins altéré.
   Coll. M.-F.
   Pl. VI, n° 106. 1 ex., 0 gr. 95.
      — 107. 1 ex., 1 gr. 25.
      — 108. 1 ex., 1 gr. 25.
      — 109. 4 ex (2 ex., 1 gr. 15 — 2 ex., 0 gr. 85).
      — 110. 1 ex., 1 gr. 20.
   Pl. VII n° 111. 1 ex., 0 gr. 85.
      — 112. 3 ex., 0 gr. 85.
      — 113. 3 ex. (2 ex., 1 gr. 25 — 1 ex., 1 gr).
      — 114. 2 ex. (1 ex., 1 gr. 25 — 1 ex., 1 gr. 15).
      — 115. 2 ex. (1 ex., 1 gr. 25 — 1 ex., 1 gr. 20).
      — 116. 1 ex., 0 gr. 85.
      — 117. 1 ex., 1 gr. 15.

La monnaie suivante ne provient pas de Cimiez, mais elle contient un renseignement utile et je n'hésite pas à l'emprunter à l'ouvrage déjà cité de M. B. Fillon (*Lettres à M. Dugast-Matifeux*, page 91) qui la décrit ainsi :

« MAYENCE. Tête tournée, à dr., ayant une croix vis à vis de la bouche [1].
« ℞. Croix surmontée d'un grand Ω très ouvert, accostée du nombre
« VII et posée au dessus d'un degré (pl. V, n° 3). Denier d'argent du pre-
« mier tiers du VIIIᵉ siècle. Le revers montre que le nombre VII était passé à
« l'état de type sur les monnaies de Mayence et avait perdu toute significa-
« tion, puisqu'il se trouve sur un denier d'argent. »

Il est facile, au premier coup d'œil, de voir que le denier attribué ici à Mayence et que l'on trouvera sur ma planche VI, n° 104, est un des modèles immédiats de mes deniers nᵒˢ 105 à 117, copies aussi barbares que diverses.

Sur ce modèle, qui, certainement, n'est lui-même qu'une copie, nous voyons une tête de grande dimension et d'assez médiocre travail, devant laquelle se trouve une petite croix.

Sur les œuvres des imitateurs de plus en plus maladroits, la tête, objet difficile à dessiner, perd peu à peu sa forme et finit par n'être plus que cette espèce de croissant chevelu décrit plus haut. La petite croix, au contraire, facile à imiter, ne perd rien de sa précison et l'artiste prend même soin de l'amplifier et de l'orner. L'imitation est flagrante.

Mais au delà de la pièce de M. Fillon, à une époque plus reculée, il y a eu un prototype, on peut le croire. On le trouvera un jour, et, si je ne me trompe, la légende V—II ou II—Λ (ces deux dispositions se rencontrent également) sera la forme régulière MA ; de plus, l'espèce d'arc ou d'oméga très ouvert se rétablira divisé en deux S ; on obtiendra de la sorte une croix cantonnée des lettres MAƧS et nos deniers entreront sans conteste dans la série marseillaise.

Ce qui m'enhardit à formuler cette hypothèse, c'est que les Carolingiens, qui, plus d'une fois, continuèrent ou reprirent les types de l'époque de tran-sition, ont fabriqué plusieurs monnaies qui ne sont que la résurrection et le redressement des deniers aux sigles V—II.

---

1. La collection Voillemier renferme un exemplaire identique. Le Cabinet de France en possède un autre d'assez bonne exécution, mais avec la tête tournée vers la gauche.

Le rapprochement de ces monnaies carolingiennes, reproduites ci-dessous, avec les deniers 104 à 117 permettra au lecteur d'apprécier la valeur de la théorie que je viens d'adopter.

M. Fillon, dans la description de la pièce qu'il donne à Mayence, place la croix sur un degré; il faut retourner la monnaie; ce prétendu degré n'est encore que la barre d'abréviation qui a dû exister sur les lettres **MA** du prototype et que nous retrouvons plus tard sur la plupart des deniers carolingiens à la croix cantonnée d'un nom de lieu et en particulier de celui de *Massilia*.

108. Même type qu'aux numéros 105 à 117 des pl. VI et VII.

> A l'entour du revers les restes d'une légende en caractères très corrects, mais malheureusement incomplète .....**DICIO**... ou **BICIO**...

Coll. M.-F., 1 ex., 1 gr. 25.   Pl. VII, n° 118.

La perfection de ces caractères sur une monnaie d'une exécution aussi barbare s'explique difficilement. Il faudrait supposer un archaïsme volontaire dans la gravure des types et cela me paraît risqué. Quoi qu'il en soit, cette monnaie unique dans son genre, la seule des deniers à la légende **V—II** qui pourrait par la lecture nous conduire à une attribution assurée, demeure lettre close pour nous. Il en sera ainsi jusqu'à ce que le hasard d'une nouvelle découverte fournisse le complément de cette légende irritante pour la curiosité du numismatiste. Et peut-être encore cette légende ainsi complétée ne sera-t-elle qu'un de ces vains assemblages de lettres alignées au hasard comme cela se rencontre fréquemment sur les monnaies de cette fabrique dégénérée.

Objection. — Les pièces que j'ai essayé de faire remonter à un type primitif marseillais portent sur l'un des côtés une dégénérescence de tête humaine que l'on retrouve sur beaucoup de petits deniers d'origine septentrionale. Faut-il en conclure que Marseille peut-être a fourni le prototype, mais que les deniers aux sigles V—II sont de fabrique lointaine, anglo-saxonne ?

. Il y a là un problème à résoudre.

Ces monnaies ont exercé la sagacité d'une foule d'auteurs ; pour n'en citer qu'un parmi les plus récents, M. de Longpérier décrit deux exemplaires de poids très différents et les maintient parmi les deniers d'attribution incertaine (*Coll. Rousseau*, nᵒˢ 217 et 218).

DENIERS AU MONOGRAMME ANT

109. **ANT** en monogr. dans un grènetis.

℞. **AR** en monogr. dans un grènetis.

Coll. M.-F., 27 ex. (2 ex., 1 gr. 30 — 4 ex., 1 gr. 15 — 7 ex., 1 gr. 10 — 7 ex., 1 gr. 05 — 4 ex., 1 gr. — 3 ex., 0 gr. 95).

Pl. VII, nᵒ 119.

110. **ANT** en monogr.

℞. **ADR** ou **ARD** en monogr. surmonté de la croix. Grènetis.

Coll. M.-F., 38 ex. (3 ex., 1 gr. 20 — 3 ex., 1 gr. 15 — 7 ex., 1 gr. 10 — 11 ex., 1 gr. 05 — 3 ex., 1 gr. — 6 ex., 0 gr. 95 — 2 ex., 0 gr. 90 — 1 ex., 0 gr. 85 — 1 ex., 0 gr. 80 — 1 ex., 0 gr. 70).

Pl. VII, nᵒ 120.

111. **ANT** en monogr.

℞. Les lettres **SM** surmontées d'une croix.

Coll. M.-F., 37 ex. (3 ex., 1 gr. 20 — 6 ex., 1 gr. 15 — 18 ex., 1 gr. 10 — 7 ex., 1 gr. 05 — 3 ex., 1 gr.)

Pl. VII, nᵒ 121.

Ces trois deniers sont assurément difficiles à déterminer, M. B. Fillon (*Lettres*, p. 105) pense que le monogr. **ANT** est celui de la localité où ils ont été fabriqués.

Mon sentiment est que si **ANT** désignait la localité, les légendes des revers **AR**, **ARD** ou **ADR** et **S M** s'appliqueraient alors à des noms d'hommes ; or je ne crois guère à cette multiplicité de personnages battant monnaie à la même époque, dans le même lieu. Je préfère voir dans ces trois revers, trois localités, au moins trois ateliers, et dans les lettres **ANT** le nom d'un dignitaire exerçant une autorité supérieure dans ces divers endroits.

J'ai dit, en parlant des patrices de Marseille, que les monnaies au nom d'Antenor étaient de style trop ancien pour qu'on pût les attribuer au patrice du VIII⁰ siècle. J'ai établi qu'à cette époque, la substitution du monogramme à la légende pleine était un fait accompli et que la forme monogrammatique était la seule sous laquelle nous pouvions espérer de trouver un jour les deniers de l'antagoniste de Pépin d'Héristal. Pourquoi les trois variétés de deniers au monogramme **ANT** n'appartiendraient-elles pas à ce patrice ?

Cette hypothèse est d'autant plus permise que ces deniers au nombre de 102 se trouvent en proportion considérable dans le trésor de Cimiez, trésor éminemment marseillais. Ils en forment exactement la dix-neuvième partie, appartiennent au style le plus récent et sont, à n'en pas douter, la monnaie courante de Marseille au moment de leur enfouissement. Personne ne contestera la valeur de cette argumentation, et si l'on trouve que je me suis trop constamment préoccupé de rattacher à cette ville les monnaies indéterminées de notre trouvaille, je répondrai que, loin de m'en défendre, cette manière de procéder est à mes yeux la plus sûre et la seule logique.

MONNAYAGE MARSEILLAIS

Résumé.

En récapitulant dans les pages précédentes tout ce qui est relatif à la numismatique marseillaise, nous trouverons les résultats suivants :

Antenor (milieu du VII⁰ siècle). 6 ex.

Ansedert qui l'a suivi. Environ 75 pièces.

Nemfidius que l'histoire place vers la fin du VII⁰ et le commencement du VIII⁰ siècle. 1200 ex.

Antenor connu vers 714. 102 deniers.

Deniers au nom ou monogramme de Massilia. 200 ex.

Ce tableau exprime parfaitement la composition normale d'une fortune marseillaise en numéraire au commencement du VIII⁰ siècle. Les rares deniers du premier Antenor confondus dans la masse des émissions postérieures continuent à circuler en raison de leur conservation et de leur poids restés assez corrects.

Ansedert, un peu plus moderne, doit présenter et présente en effet de plus nombreuses traces de son gouvernement.

Nemfidius, par la variété des types, semble avoir eu un patriciat de longue durée. Les 1200 ex. fabriqués à son nom le confirment.

Antenor, que j'appellerai le jeune pour le distinguer de l'autre n'a pu jouir longtemps du pouvoir. Les monnaies au nombre de 102 sont bien en rapport avec la brusque issue de sa tentative de révolte. Je ne pense pas qu'on doive expliquer l'infériorité de ce nombre en comparaison avec les émissions de Nemfidius, par l'hypothèse que l'enfouissement du trésor de Cimiez aurait eu lieu avant la fin du patriciat d'Antenor. Cette date me semble prématurée et j'aime mieux croire que la majeure partie des deniers à la lettre **M** et quelques autres encore ont été fabriqués entre la mort d'Antenor et le patriciat de Metrano, peut-être même sous ce dernier dont le nom, aussi bien que celui de Massilia, s'ajuste à l'initiale **M**.

Aux monnaies signées de ces divers noms ou monogrammes, il faut ajouter celles qui ne donnent que le nom de la ville et qu'en raison du style et des types on doit répartir dans cette période d'environ 80 années.

Cela fait, si l'on additionne toutes ces quantités, nous arriverons au chiffre significatif de 1.600 monnaies imputables à Marseille dans le dépôt de Cimiez qui se monte en tout à 1.900 pièces.

Les 300 deniers formant la différence entre ces deux sommes sont étrangers à Marseille; je vais les décrire.

UZÈS

112. **EC:L** (*esia*) dans un grènetis.
R⳹. **V**, et à l'entour **CECA** (*Ucecia*).
    Coll. M.-F., 1 ex., 1 gr, 25.   Pl. VI, n° 100.

113. **ECL**, et à l'entour, des vestiges des lettres ∾ et **A** qui me paraissent compléter le mot *Ecclesia*.
R⳹. Comme le précédent.
    Coll. M.-F., 1 ex., 1 gr. 15.   Pl. VI, n° 101.

114. Variété. **ECL** rétrograde.
    Coll. M-F., 1 ex., 1 gr. 10.   Pl. VI, n° 102.

115. Type confus.
R⳹. **ECL +**.
    Cabinet de France. 1 ex.   Pl. VI, n° 103.

Je crois pouvoir lire sur ces deniers *Ecclesia Ucecia*; les éléments de lecture sont les mêmes que sur les beaux sous d'or d'Uzès publiés par Conbrouse[1]. Le mot *Ecclesia* placé sur notre denier et la crosse que l'on voit sur les deux sous d'or assignent à toutes ces monnaies une origine ecclésiastique.

Un exemplaire du Cabinet de France offre une légère variété dans la disposition de la légende *Ucecia* et en rend sa lecture plus plausible; néanmoins l'attribution que je propose pour ces deniers est encore une de celles qui demandent une confirmation.

Ch. Lenormant attribuait ces monnaies à Angoulême.

ARLES

116. Monogr. formé des lettres **R** et **A**, qu'il faut peut-être lire **AR**.
     ℞. Monogr. indéterminé.
     Coll. M.-F., 2 ex., 1 gr. 30, 1 gr. 10.   Pl. VII, n° 123.

117. Monogr. formé des lettres **BS**, surmonté d'une croix.
     ℞. R ou **TR**, la haste de l'R surmontée d'une croix; à gauche, groupe de quatre points.
     Coll. M.-F., 3 ex., 1 gr. 30, 1 gr. 10, 0 gr. 95.   Pl. VII, n° 124.

B. Fillon qui a figuré ce denier dans les *Lettres à M. Ch. Dugast-Matifeux*, pl. VI, n° 21, pensait (p. 105) qu'il était originaire d'une localité assez rapprochée de Lyon et de Vienne. Ce n'est qu'avec la plus grande hésitation que je propose d'interpréter le monogramme du droit par *Beatus*, celui du revers par *Trophimus* et d'attribuer par suite cette monnaie à l'église d'Arles. C'est encore là une hypothèse qui demanderait une confirmation.

Le denier suivant ne peut être séparé des précédents.

118. Même monogr. qu'au n° 116.
     ℞. **TR** en monogr.
     Coll. M.-F., 1 ex., 1 gr. 30.   Pl. VII, n° 125.

DENIERS AUX MONOGRAMMES **KAP** ET **PAS**

119. **KAP** (?).
     ℞. **PAS**.
     Coll. M.-F., 5 ex. (1 ex., 1 gr. 45 — 1 ex., 1 gr. 20 — 2 ex., 1 gr. 15 — 1 ex., 1 gr. 05).   Pl. VII, n° 126.

---

1. *Monnaies de France, second atlas*, pl. 161, n⁰ˢ 2 et 3.

120. Variété. Les lettres **KAP** rétrogrades.
    Coll. M.-F., 1 ex., 1 gr.

121. Autre variété. Les lettres du droit et du revers rétrogrades.
    Coll. M.-F., 1 ex., 1 gr. 40.

Sans proposer aucune attribution, nous nous contenterons de rapprocher les lettres du droit **KAP** des lettres **KAR** d'un denier de la trouvaille d'Imphy attribué par M. de Longpérier à Charlemagne et à Sainte Croix de Poitiers. (*Revue numismatique*, 1858, p. 245, pl. XIII, n° 33.)

VIENNE

122. **V I** surmonté d'une barre d'abréviation.
    ℞. **ANS** en monogr.; à dr., une croix; au dessus, la barre d'abréviation.
    Coll. M.-F., 1 ex., 1 gr. 10.   Pl. VII, n° 127.

123. Variété.
    ℞. Point à g. du monogr.; étoile au dessous.
    Coll. M.-F., 4 ex. (2 ex., 1 gr. — 2 ex., 0 gr. 95.)

124. **VI**. Barre; à g. 4 points.
    ℞. Monogr. altéré **NS**; barre au dessus.
    Coll. M.-F., 1 ex., 1 gr. 35.   Pl. VII, n° 128.

125. Autre. Deux points à g. du monogr. **VI**.
    Coll. M.-F., 1 ex., 1 gr. 30.

126. **V** surmonté de la barre.
    ℞. **ANS** en monogr.; barre; croix, à dr.
    Coll. M.-F., 1 ex., 0 gr. 95.   Pl. VII, n° 129.

127. **IV** en monogr. rétrograde.
    ℞. Comme dessus.
    Coll. M.-F., 1 ex., 1 gr. 30.   Pl. VII, n° 130.

128. Variété. Les deux monogr. rétrogrades.
    Coll. M.-F., 1 ex., 0 gr. 85.   Pl. VII, n° 131.

129. Autre variété de monogr.
    Coll. M.-F. 1 ex., 1 gr. 10.   Pl. VII, n° 132.

130. Autre variété de monogr.
   Coll. M.-F., 1 ex., 0 gr. 95.   Pl. VII, n° 133.

131. Variété. Le monogr. du revers accosté de deux annelets.
   Coll. H. Morin. 1 ex., 1 gr. 27.   Pl. VII, n° 134.

Ces deniers de Vienne sont d'une égale et bonne conservation. Malgré la variété des inversions ou altérations de leurs monogrammes, ils appartiennent tous à la même époque et témoignent seulement d'un monnayage précipité autant que malhabile. M. Fillon[1], qui en a étudié trois exemplaires de la même qualité que les miens, les place aux dernières années de Charles Martel et tire du monogr. au revers le nom d'un monétaire A. N. S. V. I. (*nus*).

Cette lecture, acceptable si l'on ne consulte que certaines variétés, cesse de l'être en présence de quelques autres et en particulier de celle que j'ai figurée sur la pl. VII, n° 133. La lettre L s'y trouve fortement accentuée et je préfèrerais lire *Ansoaldus* en prenant pour O et D les deux boucles que forme l'S sur la lettre N. Je n'ose me prévaloir de la variété suivante publiée par M. de Lagoy (*Description*, n° 36). Elle me donnerait assurément gain de cause, mais ce savant émet lui-même des doutes sur son propre dessin à cause de l'usure de la monnaie.

132. VI avec la barre.

   ℞. Le monogr. d'*Ansoaldus* comme ci-dessus, mais accosté, à dr.,
      d'un O ou d'un annelet; le jambage de la lettre A est chargé de la
      lettre D (?).
   Coll. de Lagoy.   Pl. VIII, n° 135.

LYON

133. LV surmonté d'une barre; un point dans la seconde lettre.
   ℞. Croix chrismée cantonnée des lettres E P S.
   Coll. M.-F., 2 ex., 1 gr. 25, 1 gr. 15.   Pl. VIII, n° 136.

134. Autre. Variété dans la disposition du revers.
   Coll. M.-F., 6 ex. (1 ex., 1 gr. 30 — 1 ex., 1 gr. 25 — 2 ex.,
      1 gr. 20 — 2 ex., 1 gr. 15).

135. Autre. Le monogr. fort altéré.
   Coll. M.-F., 1 ex., 1 gr. 05.   Pl. VIII, n° 137.

1. *Lettres à M. Dugast-Matifeux*, p. 110, pl. VI, n°s 18 à 20.

136. Var. Un point dans chacune des lettres **L** et **V**.
Coll. M.-F., 2 ex., 1 gr. 27.

137. Var. dans le revers.
Coll. M.-F., 1 ex., 1 gr. 12.   Pl. VIII, n° 138.

138. Variété. Travail dégénéré.
Coll. M.-F., 2 ex. : 1 gr., 0 gr. 80.   Pl. VIII, n° 139.

139. Var. La légende **LV** rétrograde.
Coll. M.-F., 1 ex., 1 gr. 25.

140. Variété. **LV** rétrograde, un point dans chaque lettre.
Coll. M.-F., 5 ex. (1 ex., 1 gr. 30 — 3 ex., 1 gr. 25 — 1 ex., 1 gr.)
                                                        Pl. VIII, n° 140.

141. Variété. **LV** et une petite croix.
Coll. M.-F., 2 ex., 1 gr. 25.   Pl. VIII, n° 141.

142. **LVG** surmonté d'une barre.
℞. Croix chrismée.
Coll. M.-F., 1 ex., 1 gr. 20.   Pl. VIII, n° 142.

143. Variété.
℞. La croix chrismée et cantonnée des lettres **EPS**.
Coll. M.-F., 1 ex., 1 gr. 20.   Pl VIII, n° 143.

144. Variété.
℞. Un point dans chaque lettre **L V G**.
Coll. M.-F., 1 ex., 1 gr. 25.   Pl. VIII, n° 144.

145. **LVG**; au dessus, une barre.
℞. Croix chrismée, cantonnée des lettres **EPC**; la lettre **E** dégénérée.
Coll. M.-F., 1 ex., 1 gr. 05.   Pl. VIII, n° 146.

Les légendes **LV** et **LVG** ne laissent pas de doute sur l'attribution de ces deniers, mais le monogramme cruciforme placé au revers a donné lieu à bien des controverses. M. de Lagoy (*Description de quelques monnaies mérov.*, p. 21) proposait de le lire **PETRVS**. M. E. Cartier (*Revue numismatique* 1839, p. 105) préfère **PipinuS REx** et ce sentiment a généralement prévalu; ces deux auteurs considéraient donc le chrisme comme un des éléments de la légende, mais rien ne les y autorise. Pour nous, nous ne pouvons lire sur ces deniers autre chose que les lettres **EPS**, abréviation d'*episcopus*.

146. Monogr. composé des lettres **LVGD**; au dessus, une barre.

℞. Monogr. **ANS.**

Coll. M.-F., 1 ex., 0 gr. 85.   Pl. VIII, n° 145.

Le monogramme du revers est identiquement pareil à celui d'Ansoaldus que nous avons rencontré déjà à Vienne.

LE PUY

147. Au centre, un point, autour duquel **+ ANICI.**

     ℞. **· REGNVLF.** Croix.

     Coll. M.F., 1 ex., 1 gr. 35.   Pl. VIII, n° 147.

C'est la première monnaie d'argent que l'on signale pour cette localité.

CLERMONT

J'arrive ici à une série du plus grand intérêt et absolument inédite, celle des évêques de Clermont en Auvergne. Ces monnaies portent dans le champ le monogramme **AR,** abréviation d'*Arverni,* et en légende un nom propre suivi de la qualification *episcopus.*

S. *Avitus* (?) (vers 674).

148. Légende rognée. Tête, à droite.

     ℞. ....**VITV...** Dans le champ le monogramme **AR** surmonté d'une barre.

     Coll. M.-F., 1 ex., 1 gr. 15.   Pl. VIII, n° 148,

S. *Bonetus* (vers 689).

149. Légende rognée. Tête diadémée, à droite.

     ℞. **+ B..... EP—S.** Dans le champ, le monogramme **AR**; au dessus, une barre.

     Cotl. M.-F., 1 ex., 1 gr. 30.   Pl. VIII, n° 149.

150. Légende rognée. Tête, à gauche (?).

     ℞. **BC......** Dans le champ, le monogr. **AR**; au dessus, une barre.

     Coll. M.-F., 1 ex., 1 gr. 25.   Pl. VIII, n° 150.

Procolus II.

Une liste placée au commencement du rituel de Clermont assigne à l'évêque Procolus la date de 720, mais avec le signe du doute; et, tout en enregistrant avant lui un prélat nommé *Bubus* prévient que dans les catalogues Procolus précède celui-ci. Si l'on compare le travail des monnaies qui nous sont parvenues de ces deux évêques et de plus si l'on tient compte de la quantité relative des exemplaires de Procolus dans la trouvaille, les catalogues semblent avoir raison. Les deniers de Procolus II sont d'une telle finesse d'exécution que j'ai plus d'une fois songé à les attribuer à Procolus I qui appartient au milieu du VIIe siècle, si toutefois son existence, rejetée par le rituel de Clermont, se trouvait démontrée.

151. ....LDVS MO ou MO.....LDVS. Tête diadémée, à droite.

℞. AR en monogr. entre deux points et deux barres; à l'entour, PROCOLVS EPS. Le haut des letttres est absent, mais la lecture ne souffre aucun doute.

Coll. M.-F., 1 ex., 1 gr. 25. Pl. VIII, n° 151.

152. ....VLEOB...... Même tête.

℞. AR en monogr. sous une barre; PROC......

Coll. M.-F., 1 ex., 1 gr. 15. Pl. VIII, n° 152.

153. Autre ..ODOAC... Même tête.

℞. AR en monogr.; à l'entour, ...COLVS....

Coll. M.-F., 1 ex., 1 gr. 25. Pl. VIII, n° 153.

154. T ou + CH.... Même tête.

℞, AR en monogr.; au dessous, trois points; à l'entour, ...LVɷ....

Coll. M.-F., 1 ex., 1 gr. 05. Pl. VIII, n° 154.

J'ai donné toutes ces variétés, qui par un hasard heureux et bien rare se complètent mutuellement pour montrer combien l'attribution de cette monnaie à Procolus est certaine.

Procolus me semble préférable à *Proculus* que donnent les catalogues. Non seulement nous trouvons cette leçon sur nos deniers, mais encore elle nous est connue autrement par un triens d'Arlanc à la légende PROCOLO MONETA (Conbrouse, *Monn. nat.*, p. 9, n° 75 *ter*).

Bubus.

Si l'on place l'évêque *Bubus* après *Procolus* ainsi que j'y suis porté par le style de ses monnaies, on devra lui assigner une date voisine de 720.

155. **MAGNO....** (**M** et **A** liés ensemble). Tête diadémée, à g.
   ℞. **AR** entre deux points, et sous une barre, **BVBV**ω.
   Coll. M.-F., 1 ex., 1 gr. 35.   Pl. VIII, n° 155.

156. Autre semblable.
   ℞. **BVBVB**...
   Coll. M.-F., 1 ex., 1 gr. 35.   Pl. VIII, n° 156.

Je possède encore neuf autres deniers au monogramme arverne, mais il m'a été impossible de tirer aucun sens des rares lettres qui s'y laissent voir. Celles que l'on retrouve le plus fréquemment **EO**, **EOD** semblent appartenir au commencement du nom du monétaire et bien que les triens soient en général d'un faible secours, quoi qu'on en dise, pour l'interprétation des monnaies d'argent, on ne peut se défendre de songer au nom *Eodicius* qui se trouve sur quelques monnaies d'or de l'époque mérovingienne.

Le trésor de Cimiez renfermait encore une monnaie qui me paraît être une dégénérescence des précédentes. Indépendamment de la présence du monogramme **AR** qui permet de l'attribuer à Clermont, je dirai que le Musée archéologique de cette ville possède un exemplaire de ce denier trouvé dans la localité même.

157. Tête de face et légende dégénérées.
   ℞. Le monogr. **AR** entouré d'une légende illisible
   Coll. M.-F., 3 ex., : 0 gr. 95, 0 gr. 85, 0 gr. 75.   Pl. VIII, n° 158.

RIOM

Norbert, évêque des Arvernes (vers 699).

158. Tête à dr. ...**OOA**..
   ℞. **RI** (*gomagus*) au dessous d'une barre d'abréviation et entouré d'un cercle. A l'entour **NORBERT⌐S EPƆ**.
   Coll. M.-F., 1 ex., 1 gr. 15.   Pl. IX, n° 159.

159. Variété. Le monogr. rétrograde **IR**.
    Coll. M.-F., 1 ex., 1 gr.

Ces monnaies se présentent pour la première fois et l'on comprendra leur rareté et leur intérêt si l'on rappelle que l'atelier de Riom n'est connu que depuis peu d'années et par l'unique triens au nom d'*Honoratus* publié par M. B. Fillon (*Etudes numismatiques*, p. 32).

BRIOUDE

160. Globules nombreux et placés symétriquement dans un entourage en forme de mitre.
    ℞. **BR** surmonté d'une barre. A l'entour, une légende rognée.
    Coll. M.-F., 1 ex., 1 gr. 10.   Pl. IX, n° 160.

161. Autre. Même revers, mais laissant voir les lettres **T ᴧ ᴕ** (*Brivates*).
    Coll. M.-F., 1 ex., 1 gr. 20.   Pl. IX, n° 161.

162. Autre; au revers ....**TESD**....
    Coll. M.-F., 1 ex., 1 gr. 40.

163. Autre variété. **B·R**.....**T∈S**..
    Coll. M.-F., 1 ex., 1 gr. 40.

164. Autre. Même type ...**VSV**....
    ℞. **BR** surmonté d'une barre; au dessous, une croix.
    Coll. M.-F., 1 ex., 1 gr. 05.

165. Autre ...·**RH**; à l'entour, légende rognée ...**O**.....**T**..**Ω**.
    Coll. M.-F., 1 ex., 1 gr. 10.

166. Même type.
    ℞. **BR**; à l'entour ...∈**NO**...**BER**... peut-être **NORBERTVS**.
    Coll. M.-F., 2 ex., : 1 gr. 15, 1 gr.   Pl. IX, n° 162.

167. Même type; trace de légende.

168. Les lettres **BR** traversées par une barre; à l'entour ....ꙅ**VS**..
    Coll. M.-F., 1 ex., 1 gr. 30.   Pl. IX, n° 163.

169. Autre **BR** rétrograde.
    Coll. M.-F., 1 ex., 1 gr. 05.   Pl. IX, n° 164.

170. **BRI** en monogr. traversé par une barre ; à l'entour .....**TЄ∽**..
Coll. *M.-F.*, 5 ex. variés, 1 gr. 40, 1 gr. 05, 0 gr. 95,
0 gr. 85, 0 gr. 80.   Pl. IX, n° 165.

171. Autre ; à l'entour, ...**ЄOP**..
Coll. *M.-F.*, 1 ex., 1 gr. 30.

172: Même type. **BRI** surmonté d'une barre.; à l'entour ...**ITЄS**.
Coll. *M.-F.*, 4 ex., 1 gr. 20, 1 gr. 10, 1 gr. 05, 0 gr. 95.
                                                Pl. IX, n° 166.

173. Idem. **BRI** rétrograde ; légende circulaire ....**AM**...?
Coll. *M.-F.*, 2 ex., 1 gr. 05, 0 gr. 90.

174. **GRIVMO** ; au centre, **O**.
Coll. *M.-F.*, 1 ex., 1 gr. 35.   Pl. IX, n° 167.

175. Autre +**BRI**...،...**R·** , au centre, **O**.
Coll. *M.-F.*, 1 ex., 1 gr. 15.   Pl. IX, n° 168.

176. Même type. ...**OE**...
R⫯. **BR** en monogr. ; **H**..... rétrograde.
Coll. *M.-F.*, 1 ex., 1 gr. 25.   Pl. IX, n° 169.

177. Monogr. **NNT** ? Autour, +**VICO C**....
Coll. *M.-F.*, 1 ex., 1 gr. 25.   Pl. IX, n° 170.

178. Le même monogr. altéré.
Coll. *M.-F.* 1 ex., 0 gr. 80.

179. Autre.
Coll. *M.-F.*, 1 ex., 1 gr. 10.   Pl. IX, n° 171.

180. Type peu déterminé dans lequel je crois, reconnaître une tête de face
entre deux petites croix.
R⫯. **BR** ; au dessous, **I**...
Coll. *M.-F.*, 1 ex., 1 gr.   Pl. IX, n° 172.

L'attribution de ces deniers à Brioude me paraît assurée ; pourtant les
numéros 170 et 171 de la planche IX offrent un monogramme assez différent des autres pour laisser quelques doutes à leur égard. Le type principal,
la mitre (?), se retrouvant sur ces deux monnaies, les range dans la même
série que les précédentes.

Comme cela arrive souvent pour les deniers mérovingiens, le flan d'un diamètre insuffisant n'a pas pu recevoir l'empreinte totale des coins et les légendes circulaires font presque absolument défaut; c'est tout au plus si l'on aperçoit de temps à autre une lettre entière, soit sur la face, soit au revers; en général il ne reste des légendes que la base de quelques lettres. De plus, sur ces 23 monnaies, il n'en est pas deux qui soient sorties du même coin et qui se complètent l'une par l'autre de manière à faciliter la lecture.

A force d'étudier ces deniers, il m'a semblé qu'ils avaient de nombreux rapports avec ceux de Clermont. D'un côté je crois voir un nom de monétaire et de l'autre celui de Brioude. Un exemplaire figuré sous le nº 162 de la pl. IX porte en légende circulaire, au revers, le nom de *Norbertus*. Est-ce celui de l'évêque des Arvernes que nous avons déjà constaté sur la monnaie de Riom ? il serait téméraire de l'affirmer.

Quant au type principal de tous ces deniers de Brioude, la mitre, il est dessiné avec une précision absolue et, bien que sa présence sur des monuments du VIIIᵉ siècle ait lieu de surprendre, je ne saurais désigner autrement cet objet. Voy. les nᵒˢ 162, 168 et 170 de la planche IX.

Le cabinet de France possède une monnaie à ce singulier type et sur laquelle Ch. Lenormant avait cru pouvoir lire ORN, et qu'il attribuait à une localité du nom d'Ornans. Je pense que cette pièce, qui provient de Vence, doit être restituée à Brioude. La lettre O est la partie inférieure d'un B, et N appartient à la légende circulaire.

USERCHE

181. +T_LAF◇. Tête à dr. à contour perlé.
    ℞. V⊃[Я⊃]ƧV. Croix cantonnée de quatre points.
    Coll. M.-F., 1 ex., 1 gr. 10.   Pl. VI, nº 98.

182. + TELA..◇. Même tête.
    ℞. VCP...V. Même type.
    Coll. M.-F., 1 ex., 1 gr. 15.   Pl. VI, nº 99.

On peut rapprocher de ces deux monnaies la pièce de cuivre figurée par Conbrouse (*Monétaires des rois méroving.* pl. 58, nº 1), pièce qui a fait partie de la collection de Saulcy et que Conbrouse pensait être un sceatta saxon.

Il faut aussi remarquer sur ces monnaies la présence de la lettre finale A dans le mot *Userca*; retournée à dessein et placée de la sorte en vedette, elle renferme une intention que je n'ai pu encore découvrir, mais qui, je crois, implique une idée hiérarchique ou administrative[1].

Je possède aussi une autre monnaie qui me semble devoir être placée ici. Peut-être appartient-elle à une localité voisine d'Userche, peut-être est-ce tout simplement une dégénérescence des deux exemplaires décrits à cette ville. La ressemblance est grande : on remarquera que, comme sur ces deniers, le flan est coupé carrément.

183[2]. Tête de face. La lettre **A** en forme le buste; légende rognée qui me
       paraît pouvoir se lire *Telafo*.
    ℞. **+ V ∾ B A F**. Croix cantonnée de deux points.
    Coll. M.-F., 1 ex., 1 gr.

BRIOUX

B. Fillon[3] a cru pouvoir donner à cette localité les deniers suivants et il invoque en faveur de cette attribution la ressemblance qui existe entre la croix de forme particulière qui orne le revers de ceux-ci et celle que l'on remarque sur deux triens à la légende **BRIOSSO VICO** (Conbrouse, *Monétaires des rois mérov.*, pl. 16, nos 8 et 9). Ce rapprochement n'est pas sans valeur en ce qui concerne le revers de ces pièces muettes, mais je dois faire remarquer que l'autre côté, celui de la tête, rappelle aussi les triens de Brioude (*Ibid.* pl. 16, nos 14, 15, 16, 17 et 18) où nous voyons un buste de très mauvais travail et au devant une main bénissante.

Jusqu'à plus ample informé, j'admettrai l'opinion de B. Fillon et, comme ce savant, je placerai ces monnaies dans le premier tiers du VIIIe siècle : leur excellente conservation et leurs types ne permettent pas de leur assigner une date plus ancienne.

184. Tête à dr. dans un double grènetis.
    ℞. Croix à branches bifurquées, le centre formé par un annelet renfermant un point.
    Coll. M.-F., 2 ex., : 1 gr. 28, 1 gr. 20.

1. Ces deux monnaies ont été communiquées à M Deloche qui les a publiées dans sa *Description des monnaies du Limousin*, *Revue numismatique*, 1862, p. 439.
2. Cette pièce n'a pas été retrouvée dans la collection Morel-Fatio. (*Note de l'éditeur.*)
3. *Lettres à M. Ch. Dugast-Matifeux*, p. 105.

185. Tête, à droite.
    R℞. Croix comme au n° 184.
    Coll. M.-F., 1 ex., 1 gr. 12.   Pl. IX, n° 173.

186. Variété. Une croix devant la tête.
    Coll. M.-F., 1 ex., 1 gr. 62.

187. Autre. Tête à g.; au devant, une petite croix.
    Coll. M.-F., 3 ex., 1 gr. 28, 1 gr. 20, 1 gr. 10.

188. Tête diadémée à g.; dextre bénissante.
    R℞. Même croix, mais cantonnée de 4 points.
    Coll. M.-F., 1 ex., 1 gr. 28.   Pl. IX, n° 174.

189. Tête informe.
    R℞. Croix semblable cantonnée de 2 croix et de 2 doubles points.
    Coll. M.-F., 1 ex., 1 gr. 16.   Pl. IX, n° 175.

190. Tête à dr. diadémée. Dextre tenant une petite croix.
    R℞. Deux points dans chaque canton de la croix.
    Coll. M.-F., 2 ex. 1 gr. 22, 1 gr. 19.   Pl. IX, n° 176.

191. Tête à dr. Dextre tenant une croix.
    R℞. La croix cantonnée aux 1 et 3 d'un annelet centré, au 2 de 2 points
      et au 4 d'un point surmonté d'un annelet centré.
    Coll. M.-F., 2 ex., 1 gr. 40, 1 gr. 27.   Pl. IX, n° 177.

192. Variété. La tête est à gauche.
    R℞. Croix cantonnée de 4 annelets centrés.
    Coll. M.-F., 4 ex., 1 gr. 30, 1 gr. 23, 1 gr. 22, 1 gr. 19.
                                     Pl. IX, n° 178.

POITIERS

193. + PECTAV autour d'un point.
    R℞. AVDOLEWϹ (*Audolenus*); au centre, un point ou une étoile.
    Coll. M.-F., 1 ex., 1 gr.   Pl. IX, n° 179.

    Cette monnaie est connue depuis longtemps. Conbrouse l'a donnée, *Moné-taires des rois mérov.*, pl. 36, n° 4. L'espèce d'étoile qui se voit au centre du revers est la dégénérescence d'un type plus ancien fabriqué par le monétaire Magnulfus (*Ibid*, n° 11).

194. +PECTAV (A et V liés ensemble) autour d'un point.
    R̲. +AVDORAN° autour d'une étoile.
    Coll. M.-F., 1 ex., 1 gr. 21.   Pl. IX, n° 180.

195. PE·CAV· autour d'un point.
    R̲. +LIVORE (?) Etoile.
    Coll. M.-F., 1 ex., 0 gr. 70.   Pl. IX, n° 181.

Le nom du monétaire me paraît altéré. Peut-être trouvera-t-on par la suite un autre exemplaire, non pas mieux conservé, car le mien est à fleur de coin avec des lettres très lisibles, mais donnant ce nom dans sa leçon primitive.

Le monnayage de Poitiers n'a pas échappé à la barbarie de l'époque qui nous occupe et, à mon avis, on n'a pas assez cherché à ramener à cet atelier divers deniers à légendes incorrectes et déclarées illisibles.

Dans ce nombre, on peut ranger le denier publié par B. Fillon (*Lettres à M. Ch. Dugast-Matifeux*, pl. X, n° 19). Cette monnaie donne d'un côté une légende altérée qui se présente sous la forme rétrograde ⅃ꓥꓥCOꟼ et qu'il est facile de lire IVꓥƆꟼꟼ, si l'on se rappelle que la syllabe TA se formulait par un A ayant au sommet une barre oubliée sur cet exemplaire, comme sur mon numéro 195, et si l'on tient compte aussi de la forme remarquable du V signalée par B. Fillon (*Ibid.*, pl. III, n° 6) et qui dégénère aisément en la lettre couchée ⊣ que donne la légende précitée. Dans l'explication de cette légende j'ai omis à dessein le signe E qui se trouve dans son milieu. Le lecteur comprendra tout de suite que cette prétendue lettre n'est que le buste altéré de la tête traditionnelle,[1] ici réduite à une sorte d'étoile ou bouton en saillie.

Plus tard, ce bouton devient un type voulu; nous le voyons entouré d'un grènetis (Fillon, *Lettres*, pl. III, n°ˢ 10 et 11). Plus tard encore, cette dernière forme se combine au revers avec la majuscule A surmontée de la croix et accostée de points symétriquement disposés[2] comme dans la pièce de B. Fillon.

Je ne crains pas de m'étendre sur ces détails; dans l'étude des monnaies mérovingiennes de la meilleure époque, on trouve déjà bon nombre de licences graphiques et quand on arrive au VIIIᵉ siècle, il ne faut pas craindre de suppléer à l'incorrection presque normale des légendes.

Des deux types de la pl. III, de B. Fillon, le n° 11 est assurément le plus

1. Voir le triens au nom de Paulus, *Conbrouse*, pl. 36, n° 12.
2. Cf. Rethaan Macaré, *Tweede Verhandeling*, pl. II, n° 23.

ancien et a précédé le n° 10 qui est orné de la figure nommée *pentalpha*, symbole destiné à se perpétuer sous les Carlovingiens [1].

Peut-être faudrait-il, pour ne pas interrompre la filiation si bien indiquée par M. d'Amécourt [2], placer entre ces deux deniers celui qui suit et dont l'attribution à Poitiers ne me paraît pas douteuse, malgré ce que son extrême barbarie offre d'indéterminé au premier abord.

196. **PLON +I**. Buste informe ayant l'aspect d'une étoile placée sur une base.

    ℞. **+.JNIɷ**. Légende altérée. Croix gammée.

    Coll. M.-F., 1 ex., 0 gr. 91.   Pl. XI. n° 229.

B. Fillon ne me paraît pas avoir reconnu toutes les pièces de Poitiers qui se trouvaient dans la collection de M. H. Morin. Les n°s 17 et 18 de la pl. X des *Lettres* me semblent appartenir à cette localité.

SAINT MARTIN DE TOURS

197. **RA[CIO SC]M**. Portail surmonté de la croix.

    ℞. **ΔVOMONI** (?) Cercle avec point inscrit placé sur une croix dont la branche inférieure se termine par la lettre **L**.

    Coll. M.-F., 1 ex., 1 gr.   Pl. IX, n° 182.

198. Autre semblable.

    ℞. **+.....ON**. Même type.

    Coll. M.-F., 1 ex., 1 gr.   Pl. X, n° 183.

Ces deux monnaies, dont le type se distingue de la plupart des deniers mérovingiens, sont probablement celles que Conbrouse a indiquées sous les n°s 929 et 930 des *Monnnaies nationales de France*, p. 88. Il n'est pas sans intérêt de trouver à une époque aussi reculée ce type du temple dans une localité qui était destinée à en doter plus tard toute la chrétienté.

ORLÉANS

199. **SCI....** Tête à dr., dans un grènetis.

    1. La collection Morel-Fatio renferme un denier analogue à celui qu'a publié Fillon, *Lettres*, pl. III, n° 10. Nous ne le faisons pas figurer ici ; car il ne paraît pas provenir de la trouvaille de Cimiez. (*Note de l'éditeur*.)

    2. *Recherches sur l'origine et la filiation des premières monnaies carlovingiennes*, dans *Annuaire de la Société de numismatique*, 1868, t. III, p. 306.

℞. + AVRILIANIS FIT autour d'une croix perlée aux extrémités et placée sur deux degrés.

Coll. Jarry d'Orléans, 1 ex.   Pl. X, n° 184.

200. Monogr. rétrograde de Childebert (?).

℞. Croix cantonnée de quatre points et surmontée des lettres AVR (*elianis*) en monogramme.

Coll. Jarry d'Orléans, 1 ex.   Pl. X, n° 185.

201. AV (*rilian*) IS. Tête à dr.

℞. LEODOBERT. Croix longue perlée aux extrémités.

Coll. Jarry d'Orléans, 1 ex.   Pl. X, n° 186.

PARIS [1]

202. Traces d'une légende illisible. Buste à droite.

℞. Croix ancrée posée sur un piédestal en forme d'Λ, accostée de deux points ; dans le champ, à gauche, un point ; le tout dans un cercle.

Coll. M.-F., 1 ex., 1 gr. 30.   Pl. X, n° 187.

203. Lettres indéchiffrables. Tête à droite.

℞. PVR..... Croix ancrée (l'ancre rognée), la traverse munie de pendants aux extrémités, cantonnée de quatre points ; le tout dans un cercle perlé.

Coll. M.-F., 1 ex., 1 gr. 30.   Pl. X, n° 188.

204. Tête informe.

℞. Croix du même type qu'au n° 203 ; au dessus, une croisette ; dans le champ, cinq points ; le tout dans un grènetis.

Coll. M.-F., 1 ex., 1 gr. 31.   Pl. X, n° 189.

205. ARW.... Tête à gauche.

℞. Ɛ dont la traverse se prolonge extérieurement du côté opposé à l'ouverture et se termine en croix ; un E adossé à l'une des courbes de l'Ɛ ; le tout dans un cercle perlé.

Coll. M.-F., 2 ex., 1 gr. 20, 1 gr. 12.   Pl. X, n° 190.

---

1. M. Morel-Fatio n'ayant laissé pour l'achèvement de son travail que des notes insuffisantes, il nous est impossible, à partir de l'atelier de Paris, de donner un tableau complet de la trouvaille de Cimiez, comme il l'eût fait lui-même. Nous nous contenterons donc de décrire les deniers donnés par M. Morel-Fatio à la Bibliothèque nationale. (*Note de l'éditeur.*)

206. Tête à droite, dans un grènetis.

₰. Dans le champ, ᙏ; au dessus, une croisette; à gauche, Ξ.

Coll. M.-F., 2 ex., 1 gr. 31, 1 gr. 21. Pl. X, n° 191.

207. VI.I....V. Croix.

₰. ..◇.... Dans le champ, Є, comme au n° 206.

Coll. M.-F., 1 ex., 0 gr. 72. Pl. X, n° 192.

208. Croix dont deux branches se terminent par ⊏ et les deux autres par ⊂.

₰. Є comme précédemment, accompagné de six points.

Coll. M.-F., 1 ex., 1 gr. Pl. X, n° 193.

209. ✚ EZ...ᙏᗡᵞ..... Tête déformée.

₰. Є, comme précédemment, accompagné de huit points; le tout dans un cercle perlé.

Coll. M.-F., 1 ex., 1 gr. 20. Pl. X, n° 194.

210. Tête, à dr.

₰. .....T.·I... Dans le champ, Є comme précédemment.

Coll. M.-F., 1 ex., 1 gr. 09.

211. Dans le champ, ⋝AR (?), l'A sommé d'une croix; dans un grènetis.

₰. Croix sur une base formée de deux demi-cercles concentriques, dégénérescence d'un Є; dans un cercle perlé.

Coll. M.-F., 1 ex., 1 gr. 05. Pl, X, n° 195:

212. .....ACI... Buste, à droite.

₰. Croix giratoire.

Coll. M.-F., 1 ex.[1], 1 gr. 30.

213. Tête, à dr.; devant, un Ƨ.

₰. Croix ancrée (l'ancre rognée), la traverse munie de pendants aux extrémités, cantonnée de quatre points; le tout dans un grènetis divisé en quatre segments par des annelets.

Coll. M.-F., 1 ex., 1 gr. 20. Pl. X, n° 196.

214. Tête à dr.; devant, un ⊥, sous lequel un groupe de trois points; le tout dans un cercle perlé.

₰. Croix comme au n° 213, surmontée d'une croisette; dans un cercle dentelé; dans le champ, à droite, un annelet.

Coll. M.-F., 1 ex., 1 gr. 45.

---

1. Ce denier, d'après une note de M. Morel-Fatio, ne faisait pas partie de la trouvaille de Cimiez. (*Note de l'éditeur*).

215. Variété du n° 214.

216. **PΛPHNCP**. Tête diadémée, à droite ; le diadème sommé d'une croisette.

    R̸. Même croix que précédemment, entourée de lettres indéterminées ; le tout dans un grènetis.

    Coll. M.-F., 2 ex., 1 gr. 26, 1 gr. 20.   Pl. X, n°ˢ 197 et 198.

217. Buste, à dr.

    R̸. Croix à la traverse munie de pendants aux extrémités, surmontée d'un double chrisme, accostée de quatre points, dans un cercle divisé en segments par des annelets.

    Coll. M.-F., 1 ex., 1 gr. 20.

218. Buste, à g.

    R̸. Croix ancrée, accostée de quatre points ; la traverse munie de pendants aux extrémités ; au dessus, croisette interrompant un cercle.

    Coll. M.-F., 1 ex., 1 gr. 11.

219. Traces de légende. Tête à dr. ; devant, une croisette ; au dessous, **S**.

    R̸. Croix, comme précédemment, dans un cercle divisé en quatre segments par trois annelets et une croisette.

    Coll. M.-F., 1 ex., 1 gr. 25.

220. .....**V+S⊣**.... Buste, à dr.

    R̸. Même croix ; un **B** adossé à la haste au dessous de la traverse.

    Coll. M.-F., 1 ex., 1 gr. 30.   Pl. X, n° 199.

221. Variété du n° 220, avec les lettres **OIV+**... restes de la légende du droit.

    Coll. M.-F., 1 ex., 1 gr. 18.   Pl. X, n° 200.

222. ...**ИⱢ**... Buste, à dr.

    R̸. Même croix (sans le **B**).

    Coll. M.-F., 1 ex., 0 gr. 99.

223. .....**Iᴎ**. Buste, à dr.

    R̸. Croix, surmontée d'un double chrisme ; la traverse munie de pendants à ses extrémités, cantonnée de quatre points, dans un cercle divisé en segments par des annelets.

    Coll. M.-F., 2 ex., 1 gr. 40., 1 gr. 12.

224. **OVO...Oᴎ**. Tête à dr.

R⳹. Même type que précédemment, mais le point du quatrième canton remplacé par une sorte de croissant qui paraît être la panse d'une lettre appuyée à la haste de la croix.

Coll. M.-F., 4 ex. (2 ex., 1 gr. 30 — 1 ex., 1 gr. 29 — 1 ex., 1 gr. 20).

225. Variété.
Coll. M.-F., 2 ex., 1 gr. 35, 1 gr. 23.

226. Autre variété.
Coll. M.-F., 1 ex., 1 gr. 17.

227. Fruste.
R⳹. Croix ancrée; la traverse munie de pendants à ses extrémités, cantonnée de quatre points, entourée des lettres ∧ I I.....; au dessus de la croix, une croisette.
Coll. M.-F., 1 ex., 1 gr. 25.

228. Tête à dr.; devant, une croisette, se rattachant à un cercle qui entoure la nuque.
R⳹. Croix du même type qu'au n° 227, cantonnée de quatre points; au dessus, une croisette; à gauche, un annelet; le tout dans un cercle perlé.
Coll. M.-F., 1 ex., 1 gr. 12.

229. Tête à dr.; devant, un ⊥.
R⳹. Croix du même type, cantonnée de quatre points, accompagnée de quatre autres points; dans un grènetis.
Coll M.-F., 1 ex., 1 gr. 21.

230. ഗ....VO. Tête, à dr.
R⳹. Croix du même type, cantonnée de quatre points; au dessus, une croisette; au dessous, deux points.
Coll. M.-F., 1 ex., 0 gr. 99.

231. Tête à dr.
R⳹. Croix du même type, accostée de deux points, accompagnée de quatre annelets.
Coll. M.-F., 2 ex., 1 gr. 30, 1 gr. 20.

232. Variété, avec la tête à gauche.

233. Tête à dr. ceinte d'un diadème formé de deux traits nettement accusés.

4

℞. Croix du même type, cantonnée de quatre points, accostée de deux annelets; au dessus, une croisette.

Coll. M.-F., 3 ex., 1 gr. 27, 1 gr. 18, 1 gr. 16.

234. ......⏤ΛΛL. Tête à dr.

℞. Croix du même type, cantonnée de quatre points; au dessus, une croisette; à gauche, un annelet et quatre points.

Coll. M.-F., 2 ex., 1 gr. 19, 1 gr. 08.

235. ᴍ.....L... Tête à dr.; au dessus, une croisette.

℞. Croix du même type, cantonnée de quatre points; au dessus, une croisette; à droite, un annelet et un segment de cercle.

Coll. M.-F., 1 ex., 1 gr. 18.

236. ...ΛΛ. Tête diadémée, à dr.; le diadème terminé en haut par une croisette.

℞. Croix du même type; à gauche, un annelet et trois points.

Coll. M.-F., 1 ex., 1 gr. 21.

237. Tête, à g., ceinte d'un diadème formé d'un double bandeau.

℞. Croix du même type.

Coll. M.-F., 1 ex., 1 gr. 02.

238. ᴍ surmonté d'une croisette, dans un grènetis.

℞. Objet indéterminé dans un cercle lisse et un cercle dentelé concentriques.

Coll. M.-F., 1 ex., 1 gr. 22.

239. ϵ lunaire dont la barre se prolonge en forme de croix à double traverse, dans un grènetis.

℞. Croix crossée, dans un grènetis.

Coll. M.-F., 1 ex., 0 gr. 98. Pl. X, n° 201.

240. Variété, pesant 1 gr. 29.

241. Croix ancrée, cantonnée de quatre petits cônes tronqués, dans une couronne.

℞. Croix crossée, dans une couronne.

Coll. M.-F., 1 ex., 1 gr. 30.

242. Oiseau dans un cercle compris entre deux grènetis.

℞. Croix ancrée à double traverse, accompagnée de points dans le champ; le tout dans un grènetis[1].

Coll. M.-F., 1 ex., 1 gr. 13.

1. Attribution douteuse. (*Note de l'éditeur.*)

CHALON-SUR-SAONE

243. **CA BL ON NO.** Croix à branches égales, cantonnée de quatre points, divisant la légende en quatre parties.

  ℞. **+ⱮMMOLVS.** Croix à six branches dans un grènetis. (Denier semblable publ. dans P. d'Amécourt, *Monnaies mérov. de Chalon-sur-Saône*, pl. V, n° 134.)

  Coll. M.-F., 5 ex., 1 gr. 20, 1 gr. 18, 1 gr. 15, 1 gr. 12, 1 gr. 07.

244. **CA OI OI OI.** Croix à branches égales, cantonnée de trois points, et séparant la légende en quatre parties.

  ℞. Légende rognée. Croix à six branches, dans un grènetis.

  Coll. M.-F., 1 ex., 1 gr. 10.

245. Croix cantonnée de quatre points et des lettres **B O B O** (la troisième lettre douteuse).

  ℞. Comme au n° 244.

  Coll. M.-F., 1 ex., 0 gr. 89.

246. Traces de la légende **CA BL ON NO** altérée, divisée en quatre parties par une croix à branches égales cantonnée de quatre points.

  ℞. **...OCIA...** en légende rétrograde. Croix à six branches dans un grènetis.

  Coll. M.-F., 2 ex., 1 gr. 31, 1 gr. 22.

247. Autre dégénérescence.

  ℞. **BO....** Même type que précédemment.

  Coll. M.-F., 1 ex., 1 gr. 30.

248. Autre dégénérescence.

  Coll. M.-F., 1 ex., 1 gr. 15.

249. Autre dégénérescence.

  ℞. **+.....AB.** Croix à six branches dans un grènetis.

  Coll. M.-F., 1 ex., 1 gr. 26.

250. Autre dégénérescence. Au revers, la seule lettre de la légende qui soit visible est un **N**.

  Coll. M.-F., 1 ex., 1 gr. 35.

251. Variété du n° 250.

  Coll. M.-F., 1 ex., 1 gr. 18.

252. Autre dégénérescence. La légende du revers entièrement rognée.
Coll. M.-F., 1 ex., 0 gr. 92.

253. .....**ON OI**..... Croix à branches égales cantonnée de quatre points,
divisant la légende en quatre parties.
℞. .....**O MO** entre deux grènetis. Croix à six branches.
Coll. M.-F., 1 ex., 1 gr. 17.

254. Variété du n° 253.
Coll. M.-F., 1 ex., 1 gr. 31.

255. Croix cantonnée de quatre points et des signes et lettres ω ω O O.
℞. Légende rognée. Croix à six branches dans un grènetis.
Coll. M.-F., 1 ex., 1 gr. 05.

On ne peut pas affirmer que les cinq deniers dont la description suit
soient des dégénérescences des deniers chalonnais.

256. Croix cantonnée de quatre points; dans l'un des cantons ΛΙ.
℞. .....**ИЕО**..... Sorte de roue à huit rayons.
Coll. M.-F., 1 ex., 0 gr. 90.

257. Croix dans un cercle; les extrémités des branches de la croix pommettées et touchant au cercle qui entoure le champ.
℞. Croix de saint André, accostée de deux croisettes, les extrémités
pommettées et aboutissant à un cercle.
Coll. M.-F., 1 ex., 1 gr. 09.

258. Même droit.
℞. Croix dans un losange.
Coll. M.-F., 1 ex., 1 gr. 50.

259. Tête dégénérée; devant, une croisette.
℞. .....**ONV**..... Croix à six branches dans un grènetis.
Coll. M.-F., 1 ex., 0 gr. 77.

260. Croix cantonnée de points et de petites lignes courbes dans un grènetis.
℞. .....**Π Λ**..... Croix à six branches dans un grènetis.
Coll. M.-F., 1 ex., 1 gr. 50.

DENIERS INDÉTERMINÉS

DENIERS AVEC LÉGENDES

261. **+ AINOV.....** Buste, à gauche.
   ℞. Sans légende. Figure elliptique terminée en haut par une croix, traversée par une haste ancrée à chaque extrémité; dans une couronne.
   Coll. M.-F., 1 ex., 1 gr. 24.   Pl. X, n° 204.

262. **+ AR....ENO.** Croix.
   ℞ **...CAI...** Dans le champ, un $\overline{\text{A}}$; au dessus, une croisette.
   Coll. M.-F., 1 ex., 1 gr. 39.

263. **ɷO...ɷⵜ.** Croix cantonnée de trois points.
   ℞. Légende rognée. Croix cantonnée de quatre points, dans un cercle perlé.

264. Traces d'une légende rognée. Deux têtes radiées affrontées.
   ℞. **CH.:.....ɷARI** Quatre globules disposés en croix dans un cercle perlé.
   Coll. M.-F., 1 ex., 1 gr.   Pl. X, n° 202.

265. **C+H.....MARI.** Tête à dr.; derrière, un annelet.
   ℞. Légende rognée. Croix cantonnées de quatre annelets centrés.
   Coll. M.-F., 1 ex., 1 gr. 26.   Pl. X, n° 203.

266. **LEODECIƵELO.** Tête informe.
   ℞. **bEZONd...** Croix pattée, cantonnée de quatre points; au dessous, un point; le tout dans un cercle perlé.
   Coll. M.-F., 1 ex., 1 gr. 18.   Pl. X, n° 205.

267. Traces de légende, tête à dr.
   ℞. **...LEᴎIA** entre deux grènetis. Petite croix ancrée.
   Coll. M.-F., 1 ex., 0 gr. 90.   Pl. X, n° 206.

268. Sans légende. Tête diadémée, à droite, dans un grènetis.
   ℞. **+ OEDObLIT.** Croix cantonnée de quatre points.
   Coll. M.-F., 1 ex., 1 gr. 08.   Pl. XI, n° 207.

269. ...ᴣє... Tête informe.
℞. NIVOᑌИ... autour d'un petit losange.
Coll. M.-F., 1 ex., 1 gr. 23.

270. Vє..... Tête radiée, à dr. ; au dessous, une croisette et trois points.
℞. Légende fruste. Quatre globules disposés en croix dans un grènetis.
Coll. M.-F., 1 ex., 1 gr. 10.

DENIERS AVEC CROIX CANTONNÉE DE LETTRES

271. ..MOᴧO.. Tête de style barbare, à dr.
℞. Croix cantonnée des lettres BLƎᒪ ; dans la seconde lettre, groupe de trois points ; le tout dans un grènetis.
Coll. M.-F., 1 ex., 1 gr. 30   Pl. XI, n° 208.

272. NᴧИMO +. Tête à dr. ; le tout dans un grènetis.
℞. Croix cantonnée des lettres ƎLTO ; dans la seconde lettre, groupe de trois points ; le tout dans un grènetis.
Coll. M.-F., 1 ex.   Pl. XI, n° 209.

273. Variété du denier n° 272, avec la tête à gauche.
Coll. M.-F., 1 ex., 1 gr.

274. Tête informe.
℞. Croix cantonnée des lettres ᴀ E ᓚ... ; le tout dans un cercle perlé.
Coll. M.-F., 1 ex., 1 gr. 27.

275. Tête à dr. ; devant, trois points et deux globules.
℞. Croix à branches égales cantonnée des lettres BV Иᴧ ; un point en face de chaque extrémité de la croix.
Coll. M.-F., 2 ex., 1 gr. 14, 0 gr. 99.

276. Tête à dr.
℞. Croix cantonnée de la lettre V trois fois répétée et d'une croisette ; des points séparant les lettres.
Coll M.-F., 3 ex. variés, 1 gr. 18, 1 gr. 10, 0 gr. 80.

277. OᒐT ; entre les lettres, des points. Tête radiée, à dr.
℞. Croix à branches égales cantonnée des lettres OCᴧᴧ ; un point à chaque extrémité des branches de la croix ; le tout dans un grènetis.
Coll. M.-F., 1 ex., 1 gr. 08.

278. Tête informe (?).

    ℞. Croix à branches égales, les extrémités pommettées, cantonnée des lettres O C A ꓷ.

    Coll. M.-F., 2 ex., o gr, 93, o gr. 90.

DENIERS AVEC LA LETTRE A.

279. ...OOB... Dans le champ, A; à gauche, un point, un annelet et un groupe de trois points.

    ℞. Monogramme dans la composition duquel entrent les lettres ꟽE; la haste médiane de l'ꟽ sommée d'une croix ; à gauche, une croisette et un annelet.

    Coll. M.-F., 1 ex., o gr. 63.   Pl. XI, n° 210.

280. Dans le champ, A.

    Croix dans un cercle.

    Coll. M.-F., 1 ex., 1 gr. 07.

281. IIII + ...IN · Croix.

    ℞. Dans le champ, A sommé d'une croix; à gauche, N.

    Coll. M.-F., 1 ex., o gr. 93.

282. OVꟽPI. Buste, à gauche ; le buste ayant la forme d'un A.

    ℞. La letttre A sommée d'une croix, l'A accosté de deux groupes de trois points, la croix accostée de deux points au dessus de la traverse, le tout dans un double grènetis.

    Coll. M.-F., 1 ex. fragmenté, o gr. 65.   Pl. XI, n° 211.

DENIERS AVEC LA LETTRE D.

283. Tête à droite.

    ℞. La lettre D ; au dessous, un trait.

    Coll. M.-F., 1 ex., 1 gr. 30.   Pl. XI, n° 212.

284. Deux F adossés dans un cercle.

    ℞. Même revers qu'au n° 283.

    Coll. M.-F., 1 ex., 1 gr. 10.

285. Deux F adossés et posés en sautoir, séparés en haut par trois points, le tout dans un cercle.

℞. La lettre D, dans laquelle trois points.
Coll. M.-F., 1 ex., o gr. 95.   Pl. XI, n° 213.

286. Un E et un F adossés dans un cercle.

℞. La lettre D dans un cercle; l'intérieur de la lettre divisé par une croix en quatre compartiments; au dessous du D, un double trait horizontal.
Coll. M.-F., 1 ex., 1 gr. 30.

287. Variété du n° 286. — Ce denier ne faisait pas partie de la trouvaille de Cimiez.
Coll. M.-F., 1 ex.

DENIERS AVEC LA LETTRE S.

288. Légende rognée. Dans le champ, la lettre S accompagnée d'une croisette et de trois points.

℞. Croix accostée des lettres ‹ V, dans un cercle.
Coll. M.-F., 1 ex., o gr. 90.   Pl. XI, n° 214.

289. .....ONCI.... Dans le champ, la lettre 2 formée de points.

℞. Croix potencée dans un cercle perlé.
Coll. M.-F., 1 ex., 1 gr. 09.   Pl. XI, n° 215.

DENIERS AVEC MONOGRAMMES

290. Tête à gauche; devant, une croix; derrière, un trait légèrement courbe.

℞. Monogramme dont le centre est un M; au dessus, une croix.
Coll. M.-F., 2 ex., 1 gr. 40, 1 gr. 18.   Pl. XI, n° 216.

291. Monogramme dont le centre est un И, surmonté d'une croisette; au dessous, O; le tout dans un grènetis.

℞. Monogramme; au dessous, un annelet et trois points; à gauche, traces de lettres et un point.
Coll. M.-F., 1 ex., 1 gr. 10.   Pl. XI, n° 217.

292. IIII.....T. Tête à droite.

℞. Monogramme déformé.
Coll. M.-F., 1 ex., 1 gr. 10.

293. Monogramme formé des lettres **NE**, dans un grènetis.
    R⁄. La lettre **M** entre deux traits ondulés ; à gauche, **O**.
    Coll. M.-F., 1 ex., 1 gr. 20.   Pl. XI, n° 218.

294. **+ VꟼꟼOIꟺOꟺ**. Tête à gauche ; le tout dans un cercle perlé.
    R⁄. Monogramme formé des lettres **ꟼ S E T**, dans un cercle.
    Coll. M.-F., 1 ex., 1 gr. 22.   Pl. XI, n° 219.

295. Deux monogrammes dont l'un formé par un **E**, l'autre par un **R**,
      séparés au milieu par un point, en haut par un **V**, en bas par une
      croisette.
    R⁄. Traces de légende. Croix ancrée surmontée d'un point, accostée
      d'un point et d'un **Λ** ; le champ entouré d'un cercle perlé.
    Coll. M.-F., 1 ex., 1 gr. 39.   Pl. XI, n° 220.

296. Dans le champ, les lettres **S Ɛ O** ; le **Ɛ** surmonté d'une croix ; points
      disséminés dans le champ.
    R⁄. Les lettres **RM** liées, l'**M** surmonté d'un trait horizontal ; au dessus,
      une ligne de quatre points ; au dessous, deux lignes de points
      parallèles.
    Coll. M.-F., 1 ex., 1 gr. 20.   Pl. XI, n° 221.

297. Variété. Au revers, les lignes de points placées sous les lettres
      manquent ; points disséminés entre l'**M** et le trait horizontal qui est
      placé au dessus de l'**R** et de l'**M**.
    Coll. M.-F., 1 ex., 1 gr. 35.

298. Au revers, les lettres **R M** rétrogrades ; au dessous, une croisette.
    Coll. M.-F., 1 ex., 1 gr. 19.

299. Autre variété. Au droit, l'**S** est retourné.
    Coll. M.-F., 1 ex., 1 gr. 10.

300. Monogramme.
    R⁄. Croix giratoire cantonnée de points, dans un cercle perlé.
    Coll. M.-F., 1 ex., 1 gr. 10.   Pl. XI, n° 222.

301. Monogramme.
    R⁄. Deux **Λ** entrelacés.
    Coll. M.-F., 1 ex., 1 gr. 20.

302. Variété du n° 301. Ce denier ne faisait pas partie de la trouvaille.
    Coll. M.-F., 1 ex., 0 gr. 75.

DENIERS AVEC LA CROIX

303. VUИ....ᴎ +. Tête diadémée, à droite.
R⥿. Croix sur une base circulaire, dans un cercle de forme particulière ;
le tout dans un grènetis.
Coll. M.-F., 1 ex., 1 gr. 20.   Pl. XI, n° 223.

304. Tête diadémée, à dr. ; devant, trois ᴑ liés.
R⥿. Même croix.
Coll. M.-F., 1 ex., 1 gr. 20.

305. + IИ...M. Buste diadémé à dr. ; le buste accosté de deux T.
R⥿. Même croix.
Coll. M.-F., 1 ex., 1 gr. 20.

306. И+ΛИⱵⱯ☉. Buste diadémé, à dr.
R⥿. Même croix.
Coll. M.-F., 1 ex., 1 gr. 11.

307. Tête radiée à g. ; devant, une croisette ; derrière, un И.
R⥿. Même croix.
Coll. M.-F., 1 ex., 1 gr. 25,

308. Tête informe.
R⥿. Même croix.
Coll. M.-F., 1 ex., 1 gr. 19.

309. Croix pattée, à branches égales, dans un grènetis.
R⥿. Même croix qu'au revers des n°ˢ 303 à 308.
Coll. M.-F., 1 ex., 1 gr. 10.

310. Croix à branches égales, cantonnée de points, les quatre branches terminées par des annelets centrés ; le tout dans un cercle compris entre
deux grènetis,
R⥿. Croix crossée, cantonnée de points.
Coll. M.-F., 2 ex. variés, 1 gr. 35, 0 gr. 89.   Pl. XI, n° 224.

DENIERS A FIGURES GÉOMÉTRIQUES

311. Buste diadémé, à dr. ; devant, une croix au dessus de laquelle un T.

Ɽ. Figure formée de trois lobes, les trois pointes terminées par une croisette, accostée des lettres **A IT B**; le tout dans un grènetis.
Coll. M.-F., 1 ex., 1 gr. 20. Pl. XI, n° 225.

312. Tête à g. ; devant, une croix ; derrière, des points.
Ɽ. Figure à quatre lobes formée par deux losanges entrecroisés, accostée de groupes de points.
Coll. M.-F., 2 ex. variés, 1 gr. 25, 1 gr. 21.

313. **A** dans un cercle.
Ɽ. Figure à six pointes formée de deux triangles entrelacés, dans un cercle ; au centre, croisette.
Coll. M.-F., 1 ex., 1 gr. 26. Pl. XI, n° 226.

314. Croisette entourée de rayons.
Ɽ. Même figure qu'au n° 313.
Coll. M.-F., 1 ex., 1 gr.

315. Variété du denier précédent.
Coll. M.-F., 1 ex., 1 gr. 30.

316. Type indéterminé dans un grènetis.
Ɽ. Cercle traversé en tout sens par des lignes enchevêtrées.
Coll. M.-F., 1 ex. [1], 1 gr. 20

SCEATTAS ANGLO-SAXONS

317. *Catalogue du Musée Britannique* [2], Sceattas, type 2 a, pl. I, n° 5.
Coll. M.-F., 1 ex., 1 gr. 30.

318. *Ibid.*, type 2 c.
Coll. M.-F., 2 ex. variés, 1 gr. 22., 1 gr. 09.

319. *Ibid.*, type 3 a.
Coll. M.-F., 4 ex. variés, 1 gr. 30, 1 gr. 21, 1 gr. 11, 0 gr. 95.

1. Cette pièce pourrait être un sceatta. Cf. *A catalogue of english coins in the British Museum, Anglo-saxon series*. Vol. I by Ch. F. Keary (Londres, 1887, in-8°), pl. IV, n° 18. (*Note de l'éditeur.*)
2. Il nous paraît inutile de décrire en détail les *sceattas* anglo-saxons ; il suffit généralement de renvoyer au catalogue du Musée Britannique, dont le titre exact a été indiqué dans la note précédente. (*Note de l'éditeur.*)

320. *Catalogue du Musée Britannique*, type 3 a, pl. II, n° 3.
Coll. M.-F., 1 ex., 0 gr. 90.

321. *Ibid.*, type 4.
Coll. M.-F., 4 ex. variés, 1 gr. 35, 1 gr. 25, 1 gr. 20, 0 gr. 80.

322. *Ibid.*, type 5.
Coll. M.-F., 13 ex. variés, 1 gr. 29, 1 gr. 28, 1 gr. 25, 1 gr. 19, 1 gr. 18, 1 gr. 06, 1 gr. 05, 1 gr. 02, 0 gr. 98, 0 gr. 95, 0 gr. 93, 0 gr. 90, 0 gr. 85.

323. *Ibid.*, type 6 (type de l'oiseau).
Coll. M.-F., 10 ex. variés. (2 ex., 1 gr. 30 — 2 ex., 1 gr. 29 — 1 ex., 1 gr. 24 — 1 ex., 1 gr. 20 — 1 ex., 1 gr. 18 — 1 ex., 1 gr. 09 — 2 ex., 1 gr. 05.)

324. *Ibid.*, type 8.
Coll. M.-F.. 2 ex. variés, 1 gr. 32, 1 gr. 30.

325. *Ibid.*, type 23 c.
Coll. M.-F., 1 ex., 0 gr. 70.

326. *Ibid.*, type 27 b (oiseau sur une croix, au revers).
Coll. M.-F., 3 ex. variés, 1 gr. 35, 1 gr. 30, 0 gr. 96.

327. *Ibid.*, type 31.
Coll. M.-F., 3 ex. variés (1 ex., 1 gr. 20 — 2 ex., 1 gr. 05).

328. Buste de face, dans un grènetis.
℞. Quadrupède à gauche, dans un grènetis.
Var. du n° 26, pl. I de Ruding, *Plates to the Annals of the coinage of Great Britain.*
Coll. M.-F., 2 ex., 1 gr. 40, 1 gr. 37.

329. *Catalogue du Musée Britannique*, type 37.
Coll. M.-F., 1 ex., 0 gr. 83.

330. *Ibid.*, type 41 b.
Coll. M.-F., 1 ex., 1 gr. 30.

331. *Ibid.*, type 53.
Coll. M.-F., 1 ex., 1 gr. 20.

332. Carré, au centre duquel un annelet, accosté de deux points et cantonné de quatre V.

R⨯. Croix analogue à celle du n° 20 de la pl. IV du *Catalogue du Musée Britannique*.

Coll. M.-F., 1 ex., 0 gr. 98.

Sceattas de Peada, roi de Mercie (655-656).

333. *Catalogue du Musée Britannique*, pl. IV, n° 21.
  Coll. M.-F., 1 ex., 1 gr. 29.

334. *Ibid.*, pl. IV, n° 22.
  Coll. M.-F., 1 ex., 1 gr. 22.

335. *Ibid.*, pl. IV, n° 23.
  Coll. M.-F., 1 ex. brisé et incomplet, 0 gr. 92.

MONNAIES ÉTRANGÈRES A LA TROUVAILLE DE CIMIEZ

Nous avons déjà décrit plusieurs pièces de provenances diverses, que M. Morel-Fatio avait cru devoir rapprocher de certaines monnaies de la trouvaille de Cimiez. En voici encore quelques autres également étrangères à cette trouvaille et que M. Morel-Fatio a aussi données au Cabinet de France.

Deniers de Troyes.

336. ....**ERTO MON**. Buste, à gauche; devant, un point.
  R⨯. ......**IVI**... Croix formée de cinq globules, dans un grènetis.
  Coll. M.-F., 1 ex. rogné, 1 gr. 25.

Ce denier est un autre exemplaire de celui qu'a publié Gréau, *Etude sur quelques monnaies en or*, pl. III, n° 2.

337. Denier publié par Gréau, *Ibid.*, pl. III, n° 3.
  Coll. M.-F., 1 ex., 1 gr. 20.

338. Légende rognée. Tête diadémée. à dr., du même dessin que sur le n° 337; devant, trois points.
  R⨯. .**CΛ**ꞷ **Γ**°..**T**.. Croix formée de cinq globules, dans un grènetis.
  Coll. M.-F., 1 ex. en plomb, 1 gr. 11.

Deniers incertains.

339. **AR....TË...** Buste diadémé, à dr.
℞. Légende rognée. Carré dont chaque angle est orné d'un annelet dans un cercle perlé.
Coll. M.-F.. 1 ex., o gr. 93.

340. Tête à dr.; devant, une croix.
℞. **ⅭⅠⅭ** et **℞X**; ces deux mots séparés par un trait horizontal; le second renversé.
Coll. M.-F., 1 ex., o gr. 89.

341. Tête, à dr.
℞. **....Mⅇ.....** Croix dans un cercle dentelé.
Coll. M.-F., 1 ex. (flan rectangulaire), o gr. 70.

342. Type incertain.
℞. **...MO...** rétrograde, entre deux cercles. Croix.
Coll. M.-F., 1 ex. (flan rectangulaire), 1 gr. 11.

343. **.....ℜⅠ......** Tête de style barbare (?).
℞. Type indéterminé.
Coll. M.-F., 1 ex. (trouvé près de Périgueux), o gr. 95.

344. **+TM.... Aℜ€.** Tête, à dr.
℞. **....ERAMNO....** Dans le champ **T**, restes d'une croix pattée; le champ entouré d'un cercle perlé.
Coll. M.-F., 1 ex., o gr. 64.

345. **.....SVS.** Tête diadémée, à dr.
℞. Croix gammée, cantonnée de quatre **L**.
Coll. M.-F., 1 ex. (trouvé près de Genève), 1 gr. 19.

Sceattas anglo-saxons.

346. *Catalogue du Musée Britannique,* type 7.
Coll. M.-F., 1 ex., 1 gr. 20.

347. *Ibid.*, type 27 a.
     Coll. M.-F., 1 ex., 1 gr. 29.

348. + SƆOIɸbⱯИIVACO. Croix à branches égales, chaque bras terminé par un annelet.
     ℞. + KA☐EVHAⱯS. Croisette, les extrémités pommettées.
     Coll. M.-F., 1 ex., 0 gr. 90.

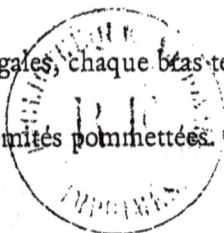

TABLE DES MATIÈRES

CE CATALOGUE EST ILLUSTRÉ DE ONZE PLANCHES

MACON, IMPRIMERIE PROTAT FRÈRES

DENIERS D'ARGENT

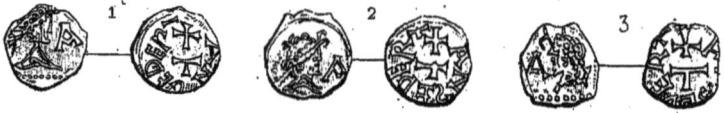

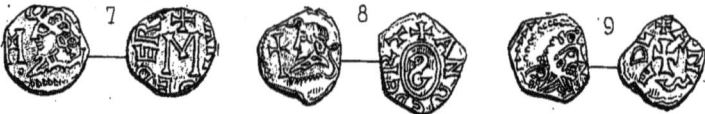

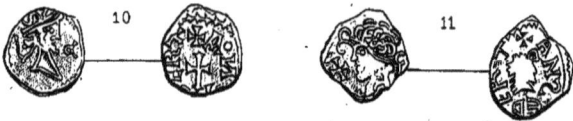

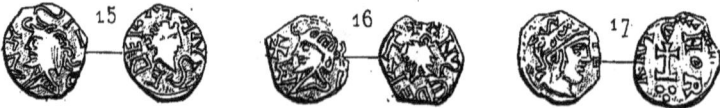

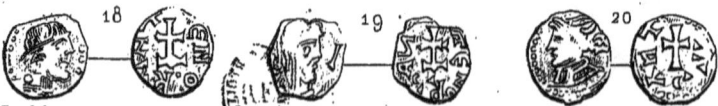

L. Dardel sc.

Imp. Dumas Vorzet

MARSEILLE
Ansebert. Antenor.

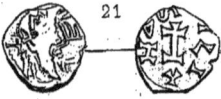 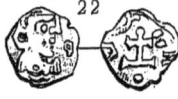 

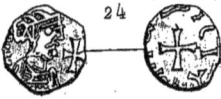 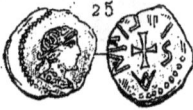 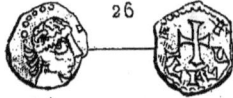

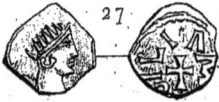 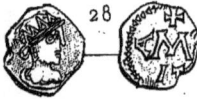 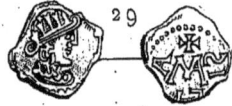

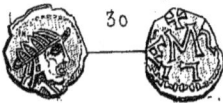 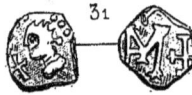 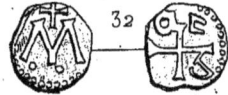

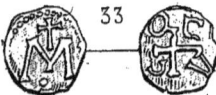  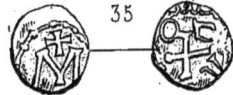

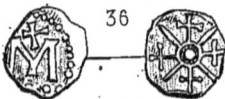 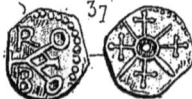 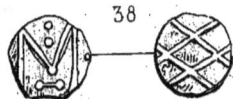

 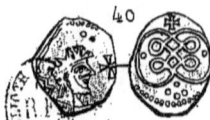 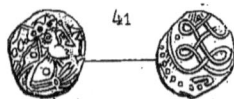

L. Dardel sc.

MARSEILLE

Imp. Dumas Vorzet

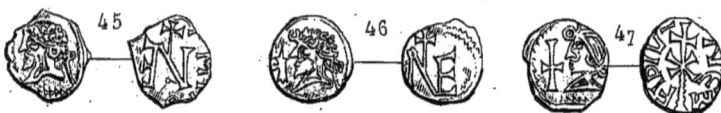

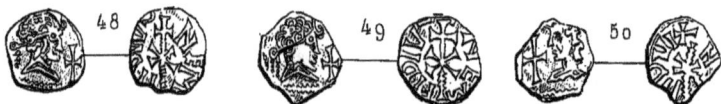

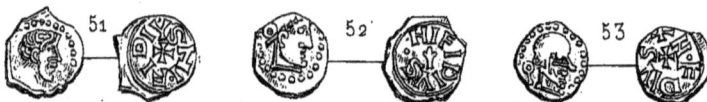

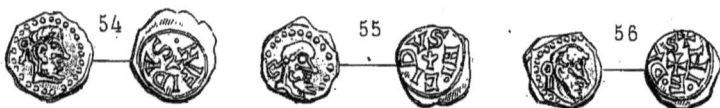

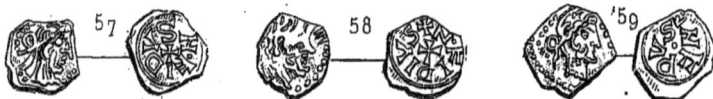

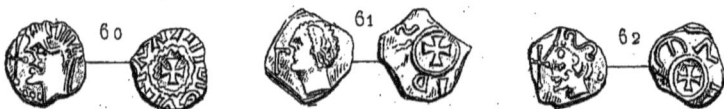

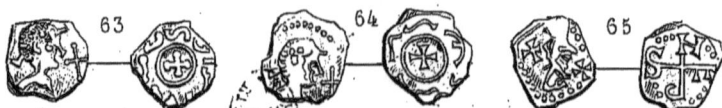

L. Dardel sc.

Imp. Dumas Vorzet

MARSEILLE
Nemfidius

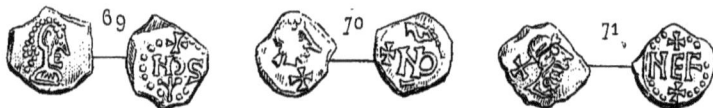

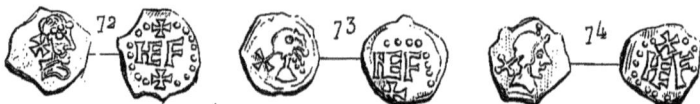

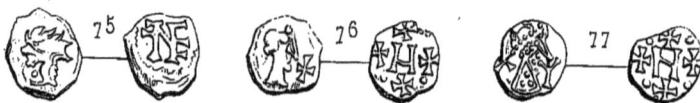

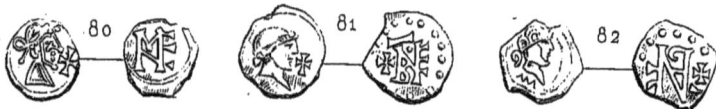

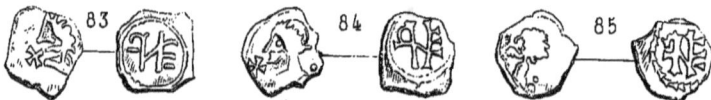

L. Dardel sc.

Imp. Dumas Vornet

MARSEILLE

Nemfidius

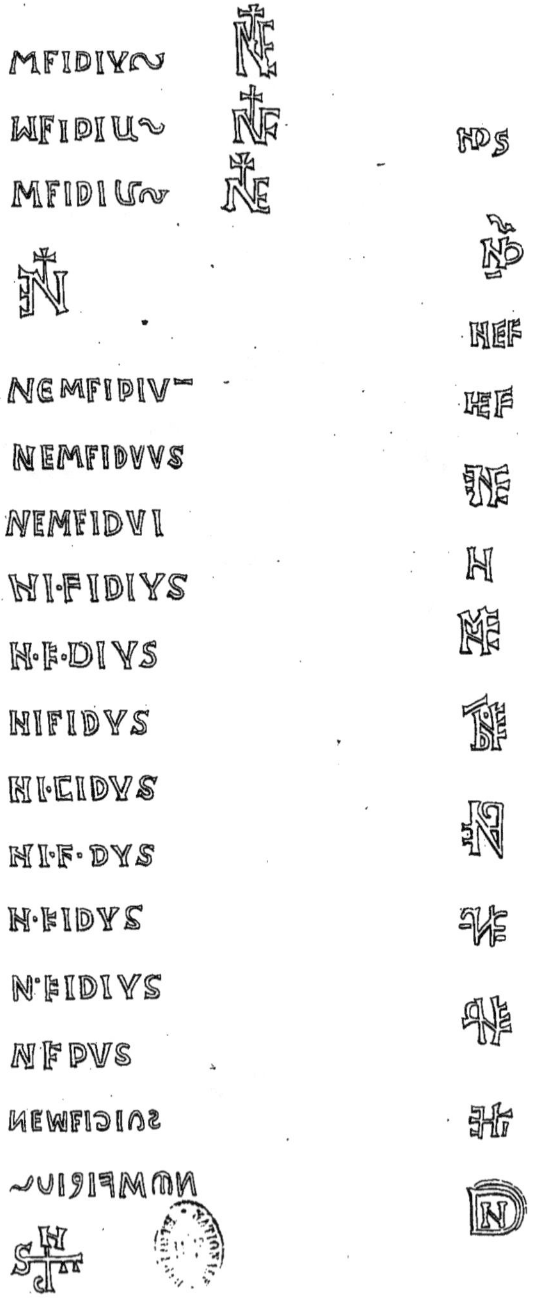

MFIDIV∾

VFIDIV∾

MFIDIV∾

NEMFIDIV

NEMFIDVVS

NEMFIDVI

NI·FIDIYS

N·F·DIVS

NIFIDYS

NI·CIDYS

NI·F·DYS

N·FIDYS

N·FIDIYS

NFPVS

NEWFIDIVS

∾VIFIFMVN

NEMFIDIUS

Légendes et Monogrammes

L. Dardel sc.   Imp. Dumas Vorzet

DENIERS D'ARGENT

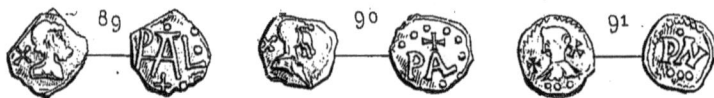
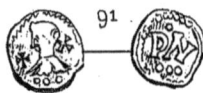

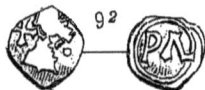
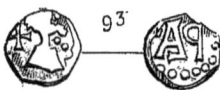
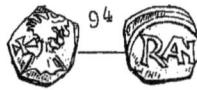

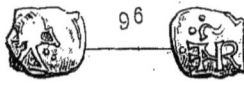

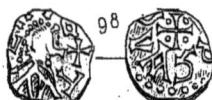

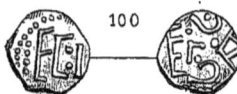
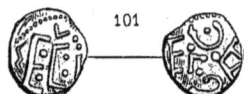

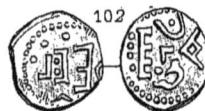
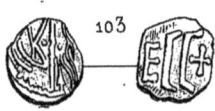

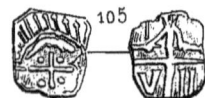
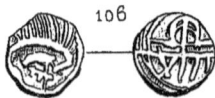
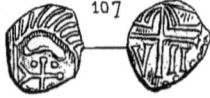

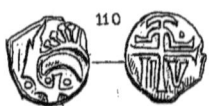

L. Dardel sc.   Imp. Dumas Vorxet

NIMES._NARBONNE._UZERCHE._UZÈS._MARSEILLE.

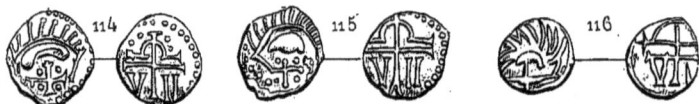

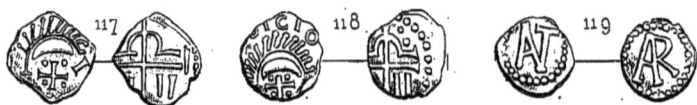

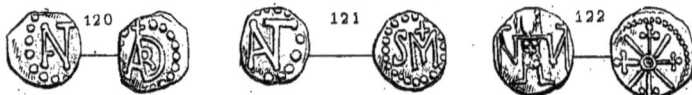

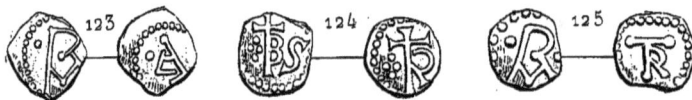

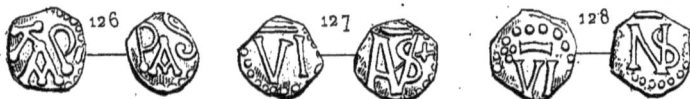

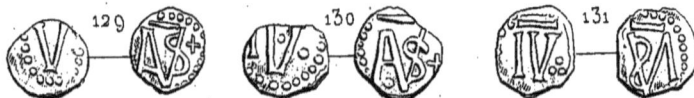

L. Dardel sc.   Imp. Dumas Vornet

MARSEILLE. _ ARLES. _ VIENNE

DENIERS D'ARGENT

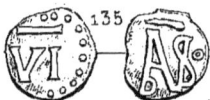
135

136

137

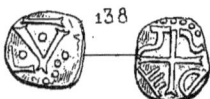
138

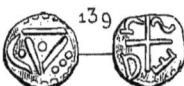
139

140

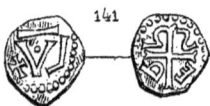
141

142

143

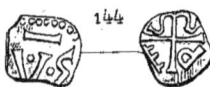
144

145

146

147

148

149

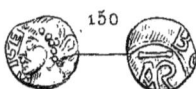
150

151

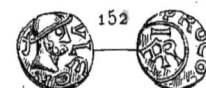
152

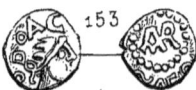
153

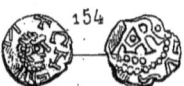
154

155

156

157

158

L. Dardel sc.

Imp. Dumas Vernet.

VIENNE. — LYON. — LE PUY. — CLERMONT

159   160   161

162   163   164

165   166   167

168   169   170

171   172   173

174   175   176

177   178   179

180   181   182

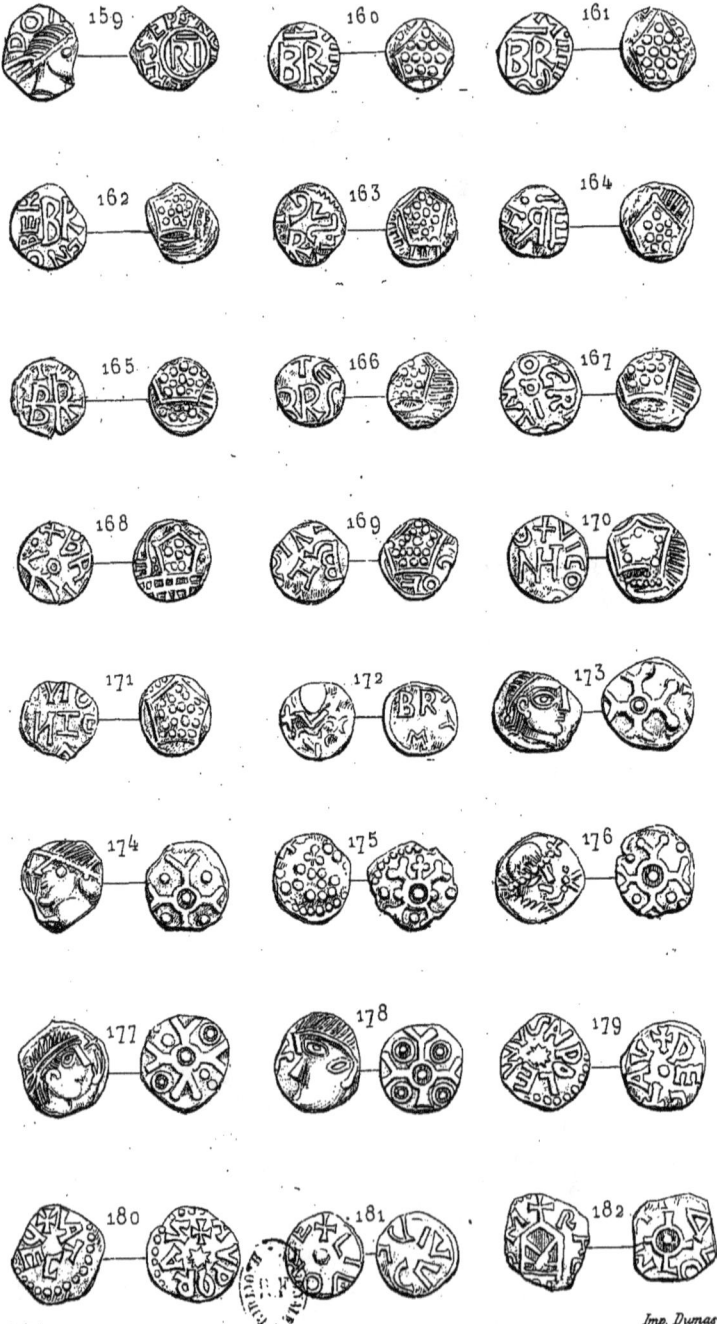

Alice Sulpice sc.   Imp. Dumas Vorzet

RIOM._BRIOUDE._BRIOUX._POITIERS._TOURS.

DENIERS D'ARGENT

183 184 185

186 187 188

189 190 191

192 193 194

195 196 197

198 199 200

201 202 203

204 205 206

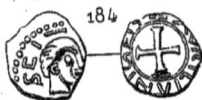

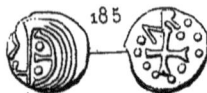

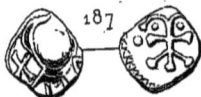

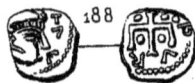

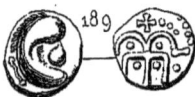

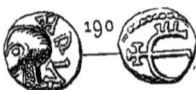

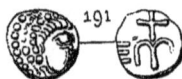

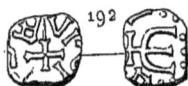

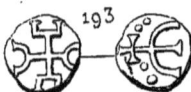

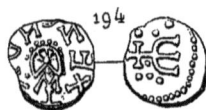

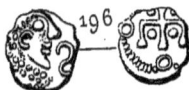

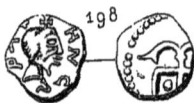

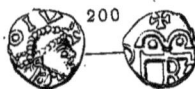

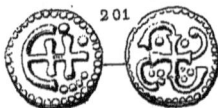

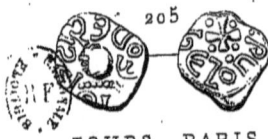

Alice Sulpice sc.

Imp. Dumas Vorzet

TOURS. — PARIS.

DENIERS INDÉTERMINÉS

DENIERS D'ARGENT

207 208 209

210 211

212 213 214

215 216 217

218 219 220

221 222 223

224 225 226

227 228 229

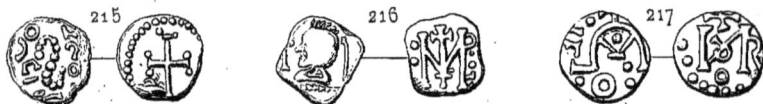

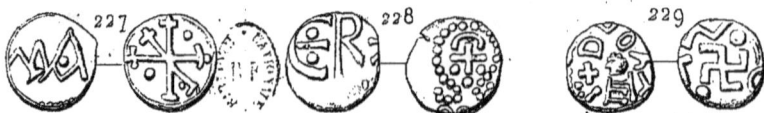

Alice Sulpice sc.

Imp. Dumas Vorzet.

DENIERS INDÉTERMINÉS

MACON, PROTAT FRÈRES, IMPRIMEURS

www.ingramcontent.com/pod-product-compliance
Lightning Source LLC
Chambersburg PA
CBHW052041270326

41931CB00012B/2578